AF317741

INSTRUCTION CRIMINELLE

RÉFORME

DE

L'INSTRUCTION PRÉPARATOIRE

EN

BELGIQUE

PAR

ADOLPHE PRINS ET **HERMANN PERGAMENI**

avocats près la Cour d'appel de Bruxelles.

The judge is the counsel of the prisoner.
Droit coutumier anglais.

Satius est impunitum relinqui facinus
nocentis quam innocentem damnari.
ULPIEN, *Digeste, l. V, de Pœnis.*

<table>
<tr><td>PARIS</td><td>BRUXELLES</td></tr>
<tr><td>A. DURAND ET PEDONE LAURIEL</td><td>CLAASSEN, LIBRAIRE-ÉDITEUR</td></tr>
<tr><td>9, RUE CUJAS, 9</td><td>86, RUE DE LA MADELEINE, 86</td></tr>
<tr><td>ancienne rue des Grès, 7</td><td>coin de la rue Cantersteen</td></tr>
</table>

1871

RÉFORME

DE

L'INSTRUCTION PRÉPARATOIRE

EN

BELGIQUE

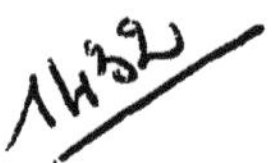

INSTRUCTION CRIMINELLE

RÉFORME

DE

L'INSTRUCTION PRÉPARATOIRE

EN

BELGIQUE

PAR

ADOLPHE PRINS ET HERMANN PERGAMENI

avocats près la Cour d'appel de Bruxelles.

The judge is the counsel of the prisoner.
Droit coutumier anglais.

Satius est impunitum relinqui facinus
nocentis quam innocentem damnari.
ULPIEN, *Digeste*, l. V, *de Pœnis.*

PARIS   BRUXELLES

A. DURAND ET PEDONE LAURIEL   CLAASSEN, LIBRAIRE-ÉDITEUR
9, RUE CUJAS, 9   86, RUE DE LA MADELEINE, 86
ancienne rue des Grès, 7   coin de la rue Cantersteen

1871

PRÉFACE

Il n'y a qu'une voix aujourd'hui pour condamner le système d'instruction préparatoire établi par le Code de 1808.

On s'en plaint au nom de l'accusé, dont toutes les garanties sont foulées aux pieds et qui n'est plus réellement que la chose du juge d'information; on s'en plaint aussi au nom de la société mal protégée par des instructions incomplètes, avortées ou embarrassées de lenteurs et de formalités sans nombre.

Il est urgent pour la Belgique de mettre résolûment la main à l'œuvre et de se donner enfin un système d'instruction préparatoire plus conforme à ses traditions nationales et aux vrais principes de la justice et du progrès.

Notre livre est écrit dans ce but.

Critiquer ce que la loi actuelle a de mauvais, indiquer ce qu'elle devrait être, voilà ce que nous avons voulu faire, dans la mesure de nos forces.

La question est importante.

Deux grands intérêts sont en présence : l'intérêt de la société qui exige la répression ; l'intérêt de l'accusé qui a le droit de se défendre.

Pour que la justice soit bien rendue, il faut que ces deux intérêts soient sauvegardés. Définir les droits de l'accusation et ceux de la défense, tel est le problème de l'instruction criminelle.

Mais combien la question ne se complique-t-elle pas, quand il s'agit de cette partie de l'instruction criminelle, où il n'y a pas encore d'accusé, où tout se réduit encore à des présomptions vagues, qu'il faut éclaircir contre un citoyen jouissant de la plénitude de ses droits ; quand il s'agit de l'instruction préparatoire, de l'instruction avant l'audience !

Pour résoudre ces difficiles questions, bien des systèmes se sont fait jour dans l'histoire. Ils peuvent tous se réduire à deux principaux :

Le système *accusatoire,* qui fait de la procédure criminelle une lutte entre l'accusateur et l'accusé, lutte publique, égale autant que possible, avec un juge impartial, « parrain des parties, » pour donner gain de cause au bon droit.

L'autre est le système *inquisitorial,* qui considère l'instruction comme une chasse à l'inculpé, le fait poursuivre et traquer dans l'ombre par un juge d'enquêtes, afin de l'acculer dans une impasse et de l'accabler sous le fardeau de preuves qu'il n'a pu ni connaître ni combattre.

Tous ceux qui dans ce monde ont cru que la société n'est sauvegardée que quand les droits de chacun le sont, tous ceux qui ont estimé pour quelque chose la personnalité de l'homme et la liberté de la conscience, ont soutenu le système accusatoire.

Ceux au contraire qui ont placé au-dessus des droits de l'homme les droits de la société, ceux qui ont fait de l'État une idole, ceux-là ont soutenu la procédure secrète, dont la plus formidable et la plus absolue réalisation a été l'inquisition religieuse du moyen âge.

Aujourd'hui, nous le disons avec joie, le système accusatoire a partout triomphé en principe. Cependant, chez bien des nations encore il est loin d'être appliqué d'une manière complète; l'inquisition exerce encore dans bien des législations sa fatale influence, et dans le Code de 1808 notamment, elle règne sans partage dans toute la procédure préparatoire.

Funeste distinction ! La procédure préparatoire d'information et la procédure définitive de jugement doivent être régies par les mêmes principes. Il n'y a pas deux procédures criminelles, il n'y a pas deux manières de réunir des preuves et de démontrer le délit. Ainsi l'ont compris tous les peuples jusqu'à la Révolution; leur procédure a été tout entière ou accusatoire, ou inquisitoriale. Les législateurs de la Constituante et de l'Empire ont inauguré les premiers le système mixte; ils appelaient cela faire un judicieux emploi des idées du passé; nous l'appelons, nous, une erreur fatale, la faiblesse d'hommes qui n'ont pas osé rompre complétement avec l'abus invétéré de l'inquisition.

Nous avons eu à cœur de faire ressortir l'infériorité de ce système.

Nous inspirant d'abord aux sources de l'histoire, nous avons essayé d'établir que le système inquisitorial, dans l'instruction préparatoire comme dans l'instruction définitive, n'apparaît à travers les siècles que comme une monstrueuse exception, appuyée pendant trois cents ans sur le despotisme religieux et la monarchie absolue.

Examinant ensuite le Code de 1808 en détail, nous avons montré le caractère arbitraire de sa procédure préparatoire; les défauts dont elle fourmille, et que ses plus ardents défenseurs ne parviennent pas à cacher; les injustices et les abus nombreux qu'elle consacre.

En troisième lieu, étudiant la législation positive des peuples étrangers et notamment des Anglais et des Américains, nous avons indiqué à quelles conséquences fécondes et salutaires pour l'information conduit une saine interprétation des vrais principes de l'instruction criminelle, et nous avons prouvé ainsi que certaines réformes radicales, considérées chez nous par des esprits craintifs comme des conceptions fantaisistes, paradoxales ou irréalisables, sont acceptées depuis longtemps en pratique et fonctionnent régulièrement et sans obstacles chez les nations qui marchent à la tête de la civilisation.

Enfin, pouvant désormais invoquer l'histoire et l'expérience, nous avons signalé les modifications qui, d'après nous, sont indispensables, pour que d'une part le citoyen belge soit traité avec équité pendant l'instruction, que sa liberté et son droit de défense soient respectés, et pour que d'autre part la marche de la justice répressive devienne à la fois plus prompte, plus sûre et plus efficace.

Le but que nous nous proposons ne peut être atteint, selon nous, que par une transformation complète du principe de notre procédure préparatoire et par la substitution au système inquisitorial du système accusatoire.

Désormais au lieu de cette société qui accuse avec toute la rigueur d'une puissance sans limites, de cet accusé qui dans son abandon et sa faiblesse ne trouve aucun moyen de défense, de ce juge d'instruction qui n'a du juge que le nom et possède toutes les attributions d'un inquisiteur, il faut qu'accusateur et accusé soient deux parties en présence, défendant chacune leurs droits, sauvegardant chacune leurs intérêts, jouissant chacune de la plénitude de leur liberté et de leur force et ayant toutes les deux au-dessus d'elles un juge impartial et humain qui soit, comme le veut la vieille coutume anglaise, le protecteur de l'accusé, *the counsel of the prisoner*.

Que chacun rentre dans son rôle! Au ministère public, le soin de rassembler les preuves, les témoins, d'informer à charge en un mot; à l'accusé, l'information à décharge; au juge d'instruction, le jugement.

Sa seule mission est de veiller à ce que les formalités

de la loi soient observées et de décider en son âme et conscience sur le bien fondé de l'accusation.

Il faut que les attributions des trois acteurs du drame de l'instruction soient nettement précisées par la loi. Les vagues déclarations de principes sont autant de sources d'arbitraire; les textes de loi seuls garantissent les droits en déterminant les devoirs.

Mais ce qui est indispensable, c'est que la procédure soit orale et publique.

Elle doit être orale, parce que l'écriture n'est le plus souvent qu'une superfétation et une source de longueurs dans une procédure dont l'unique but est de former la conviction d'un juge préparatoire.

Elle doit être publique, parce que tout doit se passer au grand jour dans le sanctuaire de la justice, parce que de cette façon l'opinion peut exercer son contrôle souverain et donner aux verdicts de l'instruction sa sanction suprême.

Un duel en plein soleil et à armes égales, voilà ce que doit être l'instruction préparatoire, comme l'est déjà aujourd'hui l'instruction définitive.

Rien d'ailleurs n'est plus facile que d'introduire une pareille réforme en Belgique. Dans ce pays, accablé trop longtemps sous les lois étrangères, les vieilles traditions germaniques et l'antique respect de la liberté individuelle sont cependant demeurés puissants et vivaces. Rejeter le Code de 1808, ce sera faire œuvre nationale, autant que progressive.

INTRODUCTION HISTORIQUE

PREMIÈRE PARTIE

INTRODUCTION HISTORIQUE

Avant de rechercher ce que devrait être l'instruction préparatoire criminelle, avant même d'examiner ce qu'elle est aujourd'hui, il convient d'interroger l'histoire, ce grand livre qui n'a jamais menti.

Ce n'est pas seulement à retrouver les sources et les origines de notre Instruction Criminelle que doit nous servir l'histoire, c'est encore et surtout à nous montrer dans leur activité, leur vie et sous leur forme concrète, avec leurs agissements et leurs résultats, bons ou mauvais, les différents systèmes d'instruction qui ont paru dans le monde ; ce n'est pas seulement une généalogie, c'est un exemple que nous trouvons là.

L'histoire est la pierre de touche des lois. Toutefois,

nous ne voulons point présenter un tableau complet de la procédure criminelle ; c'est l'instruction préparatoire que nous avons en vue. Cependant nous serons obligés de faire à ce sujet de nombreuses recherches dans le champ de l'instruction définitive ; d'abord, parce que chez les peuples où le droit d'accusation était privé et où l'accusateur rassemblait lui-même ses preuves en dehors de l'audience, les deux phases de l'instruction n'avaient pas des limites bien déterminées ; ensuite, parce que, comme nous l'avons dit, la procédure préparatoire a toujours suivi les mêmes règles que la procédure définitive et a été avec elle accusatoire ou inquisitoriale.

§ Ier.

INDIENS, HÉBREUX, ÉGYPTIENS.

Dès l'origine des sociétés, nous trouvons le système accusatoire pratiqué presque partout ; sous ce rapport comme sous beaucoup d'autres, nous ne faisons guère aujourd'hui que revenir aux vieilles théories de nos ancêtres.

Les Aryens notamment, cette grande race fière et libre dont sont sorties la plupart des nations européennes, avaient établi dans l'Inde, 4000 ans avant J.-C., les mêmes principes qui fleurissent encore aujourd'hui chez les peuples saxons.

D'après les lois de Manou, les débats criminels sont toujours publics, et ouverts contradictoirement avec l'accusé (1). L'accusateur le cite devant le juge et quand l'accusé demande du temps pour réunir ses preuves, on le met en liberté sous caution et l'on fixe le jour pour les débats définitifs (2). Dans ce vieux code d'un peuple libre, nous trouvons déjà l'information contradictoire, la haine profonde de la paperasserie, et la proclamation de deux principes qui sont la sauvegarde de la bonne justice : la preuve par témoins et l'entière liberté de la conscience de l'accusé :

« Il faut trois témoins pour condamner un homme, » disent les lois de Manou (3); et la torture est inconnue (4). Rien ne doit peser sur la conscience humaine.

Est-ce à dire malgré cela que les crimes restassent impunis? Nullement; comme leurs enfants, les Saxons, les Aryens à côté de l'instruction libre avaient une police forte et expérimentée (5). Une bonne police est encore aujourd'hui, nous le montrerons, le corollaire indispensable de la bonne instruction criminelle.

Et les Aryens de l'Inde étaient loin d'être une société embryonnaire, un de ces peuples demi-sauvages où les rouages de l'instruction restent encore confus et mal dégrossis; c'était une race civilisée, régie par des institutions savantes et compliquées, possédant des lois minutieuses et complètes, comme le prouvent ses codes,

---

(1) THONISSEN, *Droit criminel chez les anciens,* t. I, p. 21.
(2) *Id.*, t. I, p. 22.
(3) *Id* , t. I, p. 27.
(4) *Id.*, t. I, p. 76
(5) *Id.*, t. I, p. 15, note 1. STRABON l. XV, ch. I. § 48.

ses poëmes, ses livres, sa langue, ses monuments et son histoire.

Chez les Juifs, les mêmes principes se retrouvent déjà inscrits dans le Pentateuque et développés par les rabbins.

L'instruction est publique et verbale (1). La publicité est même si importante, que les tribunaux siégent aux portes de la ville, les jours de marché (2). C'est là que l'accusateur somme l'accusé de comparaître; c'est là que s'engage le débat contradictoire, après que les preuves ont été réunies librement par les parties (3).

Chez les Juifs comme chez les Aryens, il n'y a d'autre preuve que celle par témoins et la torture est inconnue (4). Après chaque témoignage à charge, l'accusé a le droit de présenter ses moyens de défense.

L'instruction finie, le juge statue sans avoir pu se livrer lui-même à aucune investigation. « Le juge doit chercher à sauver (5), » dit même une belle maxime du droit hébraïque, peut-être peu conforme à l'idéal de la froide justice, mais à coup sûr, fort remarquable chez un peuple aussi rigoriste que les Hébreux.

Ainsi, chez ces deux grandes races, chez ces deux grands foyers de la pensée humaine auxquels se sont

(1) THONISSEN, t. II, p. 2.

(2) *Id.*, t. II, p. 1.

(3) Il semble cependant que l'accusation était parfois soutenue ou appuyée par les *schoterim,* sorte de police administrative et judiciaire. THONISSEN, t. I, p. 215.

(4) THONISSEN, t. II, p 10.

(5) *Mischnah,* Sanhédrin, 37. THONISSEN, t. II, p. 7. La même idée se retrouve dans le vieil axiome coutumier anglais : *The judge is the counsel of the prisoner.* Voir plus loin : *Droit positif anglais.*

réchauffés tous les progrès depuis 4000 ans, chez les Aryens et chez les Hébreux, le système accusatoire est complet.

Oralité, publicité, tels sont les principes. Rien ne se fait en secret; l'accusé et l'accusateur rassemblent leurs preuves à leur aise et au grand jour, et lors de l'audience définitive, ils se présentent armés de toutes pièces comme des lutteurs pour le combat.

N'y a-t-il aucune ombre à ce tableau? Sans doute; ces hommes étaient de leur temps. Les épreuves, ou ordalies, chez les Aryens, les jugements de zèle, sorte de loi de Lynch, chez les Hébreux, sont des taches; mais les avons-nous bien complétement effacées nous-mêmes?

Selon toutes probabilités, les principes que nous trouvons appliqués chez les Aryens de l'Inde et les Hébreux, devaient l'être sans doute aussi chez les autres peuples aryens et sémitiques.

Dans toute la vieille antiquité une seule nation représente la procédure inquisitoriale : les Égyptiens, ce peuple étrange dont on ne connaît pas encore bien aujourd'hui la genèse et qui dans les temps anciens nous offre l'idéal du gouvernement sacerdotal, rêvé plus tard par Innocent III et Grégoire IX.

Tout se tient dans le monde. L'absolutisme, clérical ou laïque, amène inévitablement la procédure inquisitoriale.

Il en fut ainsi chez les Égyptiens. L'organisation judiciaire y était savante et compliquée (1); mais quel que

(1) Thonissen, t. I, p. 102.

fût le tribunal, l'instruction suivait à peu près les règles suivantes :

Le ministère public semble y avoir existé, ainsi que la poursuite au nom de l'État (1); mais tout habitant de l'Égypte, même un esclave, avait le droit d'accusation (2).

L'accusation se faisait par écrit et l'accusé y répondait de même ; cette correspondance se renouvelait deux fois (3). Puis, quand l'affaire était simple, les juges (4) rendaient l'arrêt sur pièces, en audience publique et solennelle.

Mais quand des doutes s'élevaient, alors on recourait au serment, aux enquêtes, aux descentes de lieux, aux interrogatoires par magistrat délégué, à la détention préventive, aux ordalies et même à la torture (5). En un mot, tout l'appareil de la procédure inquisitoriale était mis en mouvement pour arriver à la découverte du délit.

Comme on le voit, le juge inquisiteur existait déjà chez les Égyptiens. L'information se faisait comme de nos jours encore; seulement les Égyptiens étaient logiques; leur procédure définitive était réglée par les mêmes lois que la procédure préparatoire; tout était secret, écrit, inquisitorial jusqu'au jugement, qui seul était entouré d'une publicité et d'une solennité vraiment imposantes (6).

---

(1) Il existait en divers lieux un corps de soldats de police (*Magiaï*), dont les chefs étaient obligés de faire savoir aux magistrats les délits qui parvenaient à leur connaissance. THONISSEN, t. I, p. 122.

(2) THONISSEN, t. I, p. 122.

(3) *Id.*, t. I, p. 126.

(4) Tous les juges égyptiens semblent avoir appartenu à la caste sacerdotale. Voir THONISSEN, t. I, pp. 102, 106 et 111.

(5) THONISSEN, t. I, p. 129.

(6) *Id.*, t. I, p. 127.

Telle était la procédure criminelle, chez le peuple qui se prétendait le plus sage de tous, et qui certes fut celui qui eut au plus haut degré l'amour de l'État. L'histoire a jugé ce système. En faisant du citoyen une machine, en déterminant chacun de ses actes d'après une règle immuable, l'Égypte détruisit tout sentiment d'individualisme, et quand le temps des épreuves arriva, le colosse s'écroula en poussière.

§ II.

GRECS ET ROMAINS.

Passons maintenant à des peuples plus rapprochés de nous et dans la procédure desquels nous puissions trouver, non pas seulement un exemple, mais souvent aussi la source de nos institutions criminelles; nous voulons parler des Grecs et des Romains.

A l'oralité, à la publicité, ces deux principes des Aryens et des Hébreux, la Grèce et Rome joignirent un troisième non moins considérable : le jury.

Parmi les trois juridictions criminelles d'Athènes, l'Aréopage, les Éphètes et les Héliastes, ces derniers nous offrent l'un des plus parfaits modèles de la procédure accusatoire.

Devant l'Aréopage et les Éphètes, tribunaux spéciaux et exceptionnels, l'oralité et la publicité existaient déjà; les Héliastes, tribunal criminel ordinaire, possédèrent de plus une troisième garantie non moins précieuse dans les temps anciens : le jury.

Qu'était-ce en effet que les Héliastes? Six mille citoyens, tirés au sort et partagés en sections sous la présidence des archontes thesmothètes, pour juger les causes criminelles. Si l'on songe qu'Athènes ne comptait guère que 20,000 citoyens, c'était la nation elle-même incarnée en jury.

Devant ces tribunaux nationaux et sortis des entrailles du peuple, la procédure criminelle se déroulait tout entière au grand jour.

Point de ministère public. L'accusateur était toujours un citoyen, même dans les cas rares où le thesmothète dénonçait un crime contre l'État. Si le magistrat saisi de l'accusation la trouvait sérieuse, il désignait le tribunal qui devait en connaître et convoquait immédiatement les Héliastes. A leur première réunion ceux-ci étaient ajournés à jour fixe pour juger l'affaire.

Dans l'intervalle, un exposé de l'accusation était publiquement affiché au prétoire ; et l'accusateur et l'accusé mettaient ce temps à profit pour rassembler leurs preuves. L'information se faisait donc au grand jour et librement ; car la mise en liberté provisoire était la règle, sous la caution de trois citoyens.

Les débats s'engageaient ensuite publiquement ; une simple corde séparait seule le prétoire des assistants. Ces débats étaient éminemment contradictoires ; à chaque témoin de l'accusation, l'accusé pouvait opposer le sien : la lutte était égale ; et si la torture existait parfois, c'était à l'égard des esclaves.

Ce système si simple et si large avait-il des inconvénients? L'absence du ministère public ne livrait-il pas souvent la répression à la vengeance ou à l'indifférence privée? Le grand nombre des jurés et leur ignorance de connaissances juridiques spéciales, ne rendaient-ils pas quelquefois le jugement passionné ou versatile?

Il nous est fort difficile de le dire; la législation athéniennc est loin de nous être assez connue, pour trancher ces questions.

Mais ce qu'il nous est permis d'affirmer, c'est que si le droit d'accusation était libre, la responsabilité de l'accusateur était d'une sévérité draconienne (1); c'est que, si les juges étaient nombreux, ils n'en avaient pas moins les yeux de toute une ville fixés sur eux.

N'oublions pas, d'ailleurs, que quand nous parlons d'Athènes, nous parlons d'une de ces petites cités grecques remuantes et passionnées, où tout se passait sur la place publique; faisons la part des temps, des mœurs et du caractère national dans les inconvénients possibles de cette procédure; ne confondons pas en un mot le système athénien d'instruction criminelle avec l'application que le peuple athénien, le plus léger et le plus impressionnable des peuples, en a peut-être quelquefois fait.

C'est ce que semblent avoir complétement perdu de vue, les auteurs qui accusent les tribunaux athéniens de versatilité, et qui ne citent pour exemples que des procès politiques, où jamais, pas plus aujourd'hui qu'alors,

____

(1) Faustin Hélie, *Traité de l'instruction criminelle,* t. I, p. 3o.

la justice n'a pu rester complétement sereine et impartiale.

La froide raison des Romains suivit les mêmes principes que l'esprit politique des Grecs ; et ce n'est pas un
des moins bons arguments en faveur du système accusatoire que cette identité dans la manière de concevoir
l'instruction criminelle, de la part de deux peuples si
différents par leurs mœurs et leurs institutions.

L'histoire de la procédure criminelle romaine est cu-
rieuse et pleine d'enseignements. On y voit cette procédure naître et se perfectionner lentement avec les
besoins de l'État et de la civilisation. Pas de théorie,
des faits ; voilà le fond de cette solide organisation criminelle ; et c'est encore là un trait de ressemblance
entre les Anglais de nos jours et ceux qu'on a appelés
si justement les Anglais de l'antiquité.

Comme en Angleterre, l'instruction criminelle s'est développée à Rome d'une façon tout expérimentale et pratique, sans procéder jamais par ces principes *à priori*,
dont l'abus a été si fatal à tant de peuples !

D'abord concentré entre les mains des rois et réduit
aux seuls crimes de lèse-majesté, le droit de punir passa
bientôt au peuple réuni dans les *comices centuriates* et
s'étendit à une nombreuse série de crimes.

Pendant plusieurs siècles, les comices par centuries
partagèrent avec le sénat le droit de juger ; aux uns
étaient dévolus les crimes capitaux commis par des citoyens, à l'autre les accusations non capitales et les accusations contre les étrangers. Peu à peu, le sénat
auquel le peuple déléguait parfois son droit de pu-

nir(1), en arriva à une sorte de surveillance sur la justice
pénale et à une véritable action publique (2). Il fit des enquêtes, dénonça les crimes, saisit les comices ; enfin,
quand le salut de l'État était en jeu, il put même dé-
férer directement à certains magistrats la juridiction
criminelle (3).

A mesure que Rome se développait, le jugement des
crimes par les *comices centuriates* devenait plus difficile ; un moment vint où le peuple dut déléguer régulièrement ses fonctions, qu'il n'avait jusqu'alors confiées
qu'exceptionnellement aux consuls ou à d'autres magistrats.

De cette délégation naquirent, vers le VIIe siècle (4),
les *quæstiones perpetuæ*, commissions chargées de connaître de telle ou telle classe déterminée de délits.
D'abord temporaires, elles ne tardèrent pas à devenir permanentes, et dès lors, comme le dit Ayrault, « chaque
crime eut son magistrat. »

Les *quæstiones* inauguraient un grand changement
dans la procédure préparatoire. Jusqu'alors les magistrats délégués, consuls, préteurs, *quæstores parricidii*,
duumviri, etc., instruisaient le procès eux-mêmes, avec
enquêtes et témoins (5), mettaient en un mot l'affaire en

(1) Après la prise de Capoue, par exemple, le peuple délégua au sénat
le droit de punir les Capouans, en leur qualité de citoyens romains,
TITE-LIVE, XXVI, 33.

(2) FAUSTIN HÉLIE, p. 55, t. I.

(3) Ainsi fut-il fait à propos de Catilina, des Gracques, des Baccha-
nales, etc.

(4) En 604 fut créée la première *quæstio perpetua,* par la loi *Calpurnia
repetundarum.*

(5) Voir MAYNZ, *Éléments de droit romain,* introduct. histor., § 35.

état comme nos juges d'instruction actuels, et se portaient ensuite accusateurs devant la juridiction définitive, comme notre ministère public. Désormais il n'en fut plus ainsi ; les *quœstiones perpetuœ* eurent pour unique fonction de juger, et ce fut à l'accusateur à réunir ses preuves et à les produire. Voici quelle était l'organisation de la *quœstio perpetua* :

C'était un jury de jugement composé d'un assez grand nombre de citoyens tirés au sort sur une liste spéciale (1), et présidés par un préteur sous le nom de *Quœstor*. Les jurés jugeaient le fait ; le préteur présidait et déterminait la peine.

Tout citoyen avait le droit d'accusation devant le préteur. Les formalités remplies, l'accusateur recevait du préteur une *lex*, c'est-à-dire, une commission qui l'investissait d'une partie de la puissance publique. Avec cette *lex*, il procédait lui-même à l'instruction, se transportait sur les lieux, saisissait les pièces, faisait comparaître des témoins et les interrogeait.

Pendant ce temps l'accusé, mis presque toujours en liberté provisoire, ne restait pas désarmé : il avait le droit de suivre cette enquête et d'attacher même un gardien aux pas de l'accusateur pour surveiller ses moindres actes (2).

C'est donc contradictoirement et au grand jour, devant témoins, que se faisait l'enquête romaine, bien

---

(1) Ils furent tirés au sort d'abord parmi les sénateurs, plus tard aussi parmi les chevaliers et enfin les tribuns du trésor. Parfois on choisissait les jurés (*editio*) au lieu de les tirer au sort (*sortitio*). FAUSTIN HÉLIE, t. I, p. 60.

(2) FAUSTIN HÉLIE, p. 69, t. I. FILANGIERI, III, 2.

différente de la ténébreuse enquête du moyen âge. Dans cette lutte, où se jouait l'honneur d'un homme, chacun devait combattre en plein soleil, avec des armes loyales.

L'*inquisitio* terminée, le débat s'engageait définitivement et publiquement devant le tribunal.

La preuve par témoins était l'ordinaire ; la torture existait, mais pour les esclaves seuls, et ce n'est que sous l'empire et aux plus mauvais jours de la loi *Julia majestatis,* qu'on l'étendit à tous les citoyens.

Tel était le système des *quœstiones;* il repose tout entier sur l'oralité, la publicité et le jury. La procédure préparatoire y est nettement séparée de la procédure définitive. Seulement l'accusation publique n'existe pas; c'est au citoyen à faire lui-même l'instruction et à arriver muni de toutes ses preuves devant le tribunal.

Quant au juge, au préteur, il assiste impartial à tout le débat; sa mission se borne à surveiller l'instruction, à décréter par la *lex* quelle en sera l'objet et la direction, à présider l'audience et à appliquer la peine quand les jurés auront condamné.

Certes, un pareil système est admirable de simplicité et de logique; aujourd'hui encore il peut servir de modèle à toute organisation criminelle, sauf en ce qui concerne l'accusation privée. D'ailleurs, la mauvaise foi était sévèrement contenue par les peines de la calomnie et la publicité de l'instruction préparatoire.

Faustin Hélie (1) s'élève contre cette publicité de

---

(1) *Instruction criminelle,* t. I, p. 108. « La lutte entre les deux parties commençait aux premiers actes de l'information et ne se terminait qu'au jugement..... Les résultats nécessaires étaient l'affaiblissement des charges et souvent la subornation d'une partie des témoins. »

l'instruction; il déplore la lutte constante et acharnée entre l'accusation et l'accusé, qui en était la suite. N'est-ce donc pas un droit pour l'accusé de se défendre, et ce que M. Faustin Hélie reconnaît comme légitime dans le combat, ne l'est-il plus quand il s'agit de fourbir et de rassembler les armes pour ce combat?

L'empire arriva et avec lui deux principes nouveaux : l'un, le principe impérial, despotique et centralisateur, qui donna à la procédure criminelle une allure unitaire et inquisitoriale; l'autre, le principe stoïcien, dont la philosophie, sorte de quintessence de la philosophie païenne, combattit afin de conserver le plus possible du système accusatoire.

Entre ces deux influences contraires, le principe des *quæstiones* se maintint avec assez de pureté bien que sous d'autres formes, et pourvu, bien entendu, que l'on fasse abstraction des procès politiques.

Le droit d'accusation, en présence de l'apathie et de la corruption croissante des citoyens, ne s'exerça plus guère que dans les procès politiques et fit place à la délation.

Mais l'impudence des délateurs devint bientôt telle que les empereurs mêmes, comme Trajan (1), durent intervenir pour la refréner; et dès lors la société fut obligée d'accuser elle-même.

L'autorité procéda d'abord par arrestations irrégu-

---

(1) Code. *De delatoribus.* PLINE, *Panégyrique*, 42. Théodose et Valentinien ordonnèrent même que l'accusateur serait tenu en prison comme l'accusé jusqu'au débat. C. Th., 1. 8, *De accusatoribus;* 1. 19, *De accusationibus.*

lières, sans accusation préalable ; puis enfin elle accusa
elle-même. C'est ainsi que les proconsuls obtinrent la
recherche et la poursuite d'office des délinquants (1). Le
ministère public était fondé.

En même temps, les *quæstiones* étaient peu à peu
remplacées par la juridiction du prince et de son conseil et par celle du sénat (2).

Les préteurs et les préfets de la ville se passèrent
définitivement du concours des jurés (3) et les rempla-
cèrent par des assesseurs permanents.

La même chose se passa en province. Au lieu de
jurés, les gouverneurs prirent pour s'aider dans les
assises, des *legati* chargés d'instruire les affaires, de
surveiller les prisons, de vérifier les causes de détention, d'ordonner la mise en liberté (4). Mais le pouvoir
de ces *legati* expirait le jour où la procédure était complète ; ils ne pouvaient juger que les délits légers.

Vers le quatrième siècle apparurent les *defensores
civitatum* (5), qui, chargés d'abord de protéger les provinces contre les gouverneurs, devinrent leurs auxiliaires
indispensables pour l'instruction des délits graves, furent
chargés d'arrêter les malfaiteurs et de renvoyer devant
le lieutenant impérial l'accusateur avec l'accusé.

Ce système d'instruction préparatoire se perfectionna

(1) Ulpien, *Dig.*, *De officio præsidis*, 1. 13.

(2) Tacite, *Ann.* I, § 74.

(3) Les jurés furent supprimés par Dioclétien. Déjà autrefois les
préteurs jugeaient quelquefois seuls, *cognitio extraordinaria.*— Savigny,
Histoire du droit romain, ch. 2, § 26.

(4) Faustin Hélie, p. 141 et sq., t. I.

(5) *Id.*, pp. 143 et 144, t. I

encore par la création des *agentes in rebus* (1), officiers de police, tels que les irénarques, les *curiosi* et les *stationarii*, chargés en général de dénoncer les crimes et parfois d'arrêter les inculpés.

Enfin, Honorius et Justin donnèrent aux évêques le droit de visiter les prisons dans l'intérêt des détenus (2).

Dès lors le système de l'accusation publique était complet, à côté de l'accusation privée qui subsistait toujours, mais restreinte et négligée.

Voici la marche que l'on suivait dans ce nouveau système :

A Rome, le préfet des *vigiles*, en province les *defensores civitatum*, jugeaient les délits de minime importance. Quant aux autres, ces magistrats ne pouvaient que dénoncer les criminels, procéder à une instruction première, arrêter les inculpés et les renvoyer devant le préteur, le préfet de la ville ou les légats impériaux. Ils étaient aidés dans cette tâche par les agents inférieurs de la police judiciaire, les *curiosi*, les irénarques, etc. L'irénarque avait même parfois le droit de commencer lui-même l'information et de renvoyer directement au juge impérial. Celui-ci continuait, soit par lui-même, soit par ses *legati*, l'instruction commencée, et s'il ne se présentait aucun accusateur, chargeait l'irénarque ou le magistrat dénonciateur de poursuivre d'office, en le nommant accusateur public.

---

(1) FAUSTIN HÉLIE, t. I, pp. 144 et 145, t. IV, p. 16.

(2) L. 22, C., *De episcopali audientia*. C'est la première trace de l'influence du christianisme sur la procédure criminelle, dit FAUSTIN HÉLIE.

L'affaire mise en état était jugée par le juge impérial assisté de ses assesseurs.

Comme on le voit, les Romains n'avaient point séparé les fonctions d'informateur de celles de ministère public; ils avaient parfaitement compris que celui qui fait l'instruction à charge est le plus apte à présenter l'accusation; l'irénarque, le *defensor civitatis*, ou tout autre magistrat inférieur devenait ministère public, parce qu'il avait été instructeur. En un mot, les Romains faisaient ce que nous voulons faire aujourd'hui : mettre tout le rôle de l'instruction à charge entre les mains d'un seul homme. Quant au juge d'instruction surveillant et dirigeant l'information, tel que nous voudrions l'établir et qu'il existe aujourd'hui en Angleterre, il n'existait pas à Rome ou plutôt il était confondu avec le juge du fond. C'est que, dans le système romain, l'instruction préparatoire se passant hors de l'audience, et l'accusateur et l'accusé la faisant librement et contradictoirement, on n'avait pas songé à donner la haute direction de cette instruction à un pouvoir public spécial. La seule différence qu'il y eut entre ce système et l'ancien, c'est que maintenant l'accusateur était un magistrat, tandis qu'autrefois c'était un citoyen autorisé par une *lex*.

Cette différence en amenait une autre : l'intervention de l'écriture.

En effet, l'instruction préparatoire étant nettement séparée de l'instruction définitive, et faite par des magistrats responsables, on commençait à tenir note de tous les éléments du procès; preuves, interrogatoires, témoignages, toute l'enquête était mise par écrit.

Mais c'était là le seul rapport que cette procédure eut avec l'inquisition ; en effet, pendant l'instruction, le prévenu pouvait encore être mis en liberté sous caution (1), citer à son aisé les témoins, préparer ses armes pour la lutte définitive, et s'il ne pouvait plus comme autrefois contrôler chacun des actes que posait l'accusateur, du moins il conservait le droit de les discuter quand ils se présentaient.

Ajoutons, pour bien faire voir que si le système accusatoire était ébranlé, il n'en était pas moins encore debout, la création du droit d'appel et la belle et simple procédure par contumace. Aucune condamnation, disait le droit romain, ne peut être prononcée contre un absent, même à titre provisoire. On saisissait seulement les biens du contumax en punition de sa désobéissance aux lois, dans le cas où il ne se présentait pas au jour fixé, et l'on conservait la trace de l'instruction commencée.

En résumé, si l'influence impériale restreignit le droit de l'accusation privée, remplaça les *quœstiones* par des tribunaux et entama la publicité et l'oralité par l'instruction écrite, cependant les jurisconsultes stoïciens, les Ulpien, les Papinien, les Labéon, les Julien, luttèrent courageusement pour conserver au débat sa forme accusatoire et y réussirent en grande partie (2).

Quant à l'influence chrétienne sur cette procédure,

____

(1) ULPIEN, *De custodia et exhibitione reorum. Digeste,* l. 1 et 3.

(2) Nous ne parlons pas, bien entendu, des procès politiques, où l'arbitraire impérial fut sans limite et ne respecta jamais aucun des droits de la défense.

elle fut nulle (1), car le christianisme n'était point encore politique et l'empire ne changeait réellement que l'organisation judiciaire, chose essentiellement politique.

Si maintenant nous jetons un regard sur l'ensemble de l'instruction criminelle romaine, nous voyons que nulle part n'apparaît le juge d'enquêtes soi-disant impartial, que le Code appelle juge d'instruction. Que la procédure préparatoire soit entre les mains d'un accusateur privé muni d'une *lex*, ou entre les mains d'un accusateur public, le débat reste contradictoire; nulle part cet accusateur ne se dédouble tout à coup, pour juger souverainement des charges (2) et dire, après une enquête ténébreuse faite contre un homme enchaîné : « Toi, je te présume coupable; toi, je te présume innocent. »

Au magistrat du fond, au *juge* resté en dehors de l'instruction, seul, appartient ce droit. Que ce soit le préteur des *quæstiones* ou le légat impérial, lui seul a le droit de dire : les charges qui s'élèvent contre cet homme me semblent assez graves pour être discutées à fond dans un débat définitif. Et alors, il attend un accusateur, et s'il ne s'en présente pas, il ordonne au magistrat instructeur d'accuser devant son tribunal celui contre lequel il a réuni ses preuves.

(1) En matière de procédure, les traces du christianisme ont dû être nécessairement très-légères, parce que la procédure puise surtout ses formes dans les institutions politiques. Faustin Hélie, p. 175, t. I.

(2) Cela est tellement vrai qu'Antonin le Pieux recommande aux gouverneurs de ne pas ajouter une foi aveugle aux rapports des irénarques, mais de se livrer à un examen approfondi de la question en présence de l'accusé et de l'irénarque, qui peut même être puni comme calomniateur s'il a menti. Marcien, *Digeste, De custodia et exhibitione reorum,* lex 6.

Tel est, à notre avis, l'esprit de toute la législation romaine, basée en grande partie et jusqu'à la fin sur le système accusatoire.

§ III.

LOIS GERMANIQUES. JUSTICES LOCALES.

Après le terrible ébranlement de peuples du ve siècle, quand les races germaniques entrant à leur tour sur la scène du monde, eurent conquis l'empire romain, de nouveaux principes se mêlèrent aux anciens.

Dans le droit criminel (1), surtout, l'influence germanique fut grande. En effet, si les Germains respectèrent la plupart des institutions civiles, il en fut autrement des institutions politiques et particulièrement de la procédure criminelle, branche importante du pouvoir social.

Déjà, dans les forêts de la Germanie, les conquérants avaient largement pratiqué le système accusatoire ; leur individualisme, leur sentiment élevé de la liberté humaine ne pouvait les pousser ailleurs. Ce n'est pas là vue de la procédure romaine en décadence, qui les eût fait dévier de leur principe.

Le système germanique est basé tout entier sur la

______
(1) Faustin Hélie, p. 188, t. I.

distinction entre le droit de justice et le droit de juger. Les chefs militaires, ducs, comtes (1) exercent seuls, dès les premiers jours de la conquête, le droit de justice, comme autrefois les *principes* de Tacite, mandataires de l'assemblée des hommes libres.

Mais ce droit de justice (2) est sévèrement limité, et purement administratif; il forme le lien entre le roi, l'État et le peuple. Le comte n'est qu'un représentant de la justice nationale; dans aucun cas il ne peut participer au jugement, il *préside* seulement l'audience (3).

Quant aux juges, ce sont les hommes libres, les *boni homines* et les rachimbourgs (4). Eux seuls forment le *mâl* qui n'est qu'un grand jury souverain (5).

N'y a-t-il pas là une ressemblance frappante avec les *quæstiones?* La seule différence c'est que le système germanique est plus large encore que celui de Rome : le préteur était juge du droit; le comte ne juge ni le droit, ni le fait; il ne nomme pas non plus les jurés, il les préside. Ceux-ci sont bien réellement les juges; ils disent la loi : *dicunt legem.*

---

(1) En Allemagne on les nommait *grafs,* en Angleterre *ealdormen* et *gerefas.* Du Boys, *Histoire du droit criminel chez les peuples modernes,* t. I, p. 512. Gneist, *Histoire de la constitution communale en Angleterre,* traduction Hippert, t. I, p. 48.

(2) Savigny, *Histoire du droit romain,* § 76.

(3) Chez les Slaves, le jury ne jugeait qu'en fait; le roi ou son représentant jugeaient en droit, Karamsin, II, pp. 62 et 63. Du Boys, t. I, p. 569.

(4) Savigny, *Histoire du droit romain,* § 61.

(5) Les Scandinaves appelaient ce tribunal le *ding,* ou le *hérad.* Du Boys, t. I, pp. 188 et 189. Les Anglo-Saxons l'appelaient *Shire gemote* (tribunal du comté). Gneist, t. I, p. 46.

Ici, comme autrefois, l'instruction préparatoire est entre les mains des parties.

Cependant chez les Germains du Nord, nous trouvons déjà plusieurs institutions où le peuple tout entier recherche les coupables et fait ainsi une sorte d'information publique (1).

L'origine semble en être cette vieille coutume germanique (2), que nous retrouvons surtout chez les Saxons et les Scandinaves et d'après laquelle les membres d'un même *pagus*, d'une même dizainie et centenie, *hundreda*, ou *hérad*, sont responsables d'un meurtre commis sur leur sol.

De là certaines enquêtes dirigées par le comte. C'est ainsi que nous trouvons chez les Scandinaves, le *tribunal de la flèche* (3). Quand un meurtre avait été commis, une trentaine d'hommes du *hérad* se réunissaient en jury, préparaient l'affaire, donnaient leur avis et renvoyaient l'accusé devant le *ding* pour le jugement définitif. C'est là, comme on le voit, un véritable jury d'information, faisant une instruction préparatoire et procédant à une enquête, mais à une enquête publique et orale.

Parfois même ce jury formait un tribunal régulier d'enquêtes, comme en Islande (4), où il comptait 9 membres.

---

(1) En Angleterre se trouve dès les Saxons tout un système de conservation de la paix, *toute une police de sûreté publique,* comme dit GNEIST, t. I, p. 51.

(2) Elle se trouve également chez les Slaves. — Le district y était responsable de tous les délits commis sur son sol. Du Boys, t. I, p. 576.

(3) Du Boys, t. I, pp. 188 et 189.

(4) *Id.,* t. I, p. 190.

Chez les Anglo-Saxons, non-seulement les hommes de la *hundreda* ou de la *tithing* sont responsables du meurtre, mais tous les habitants des villes et comtés doivent être prêts au premier ordre du comte ou du magistrat à poursuivre et à arrêter les *félons* (1).

Les francs tenanciers durent même, sous les Normands, avoir tous leurs armes, *pour maintenir la paix*, comme le dit le statut de Winton.

Il n'est donc pas étonnant de voir se développer chez les Anglo-Saxons, le jury d'accusation. Dès le règne d'Ethelred, il nous apparaît (2). Ce n'était d'abord qu'une sorte de réunion solennelle de témoins, plutôt que de jurés; mais bientôt il devint un véritable jury d'enquêtes.

Quel était le rôle du comte dans ces instructions populaires des peuples germaniques? Il y intervenait comme représentant de la nation; il les provoquait quand il n'y avait pas d'accusateurs, faisait avec les hommes libres les descentes de lieux, les enquêtes, citait les témoins, en un mot exerçait parfois l'action criminelle et instruisait les procès contradictoirement avec l'accusé et de concert avec l'accusateur (3).

----

(1) Du Boys, t. III, p. 43. Ils devaient même le faire en cas de clameur publique, *clamor patriæ* (*hue and crye*); ceci rappelle les enquêtes normandes par clameurs de haro. Gneist, traduction Hippert, *Constitution communale de l'Angleterre,* t. II, p. 75.

(2) Du Boys, p. 148. Gneist, t. I, p. 129. « A la caution mutuelle » ou *friborg,* se rattache une responsabilité plus étendue, et un devoir » plus étendu de dénonciation, qui se développe dans le courant de la » période normande, sous forme de jury d'accusation. » Gneist, p. 130. Voir aussi p. 225.

(3) Faustin Hélie, t. I, p. 218 et sq.

Dans cet ordre d'idées, le comte remplit assez bien chez les peuples germaniques, les fonctions de ministère public et celles du juge d'instruction qui tiennent de l'accusation; il n'y a là rien que de très-logique, puisque le comte ne peut influer sur la décision des juges, puisqu'il ne se mêle pas au jugement.

Quant à l'accusé, il se présentait librement devant les juges; car la liberté provisoire sous caution était la règle (1).

Le jour de l'audience définitive, l'accusateur exposait sa plainte, l'accusé répliquait, et l'on passait aux preuves.

Trois genres de preuves étaient admis :

1° Les témoins des deux parties;

2° Le serment des *conjuratores*, soit choisis par l'accusé, soit nommés par le comte. Ce serment servait de sanction à celui de l'accusé et entraînait son absolution;

3° Les épreuves, ou ordalies, en cas de doute, et même à l'origine, à défaut de *conjuratores*.

Les épreuves sortent tout entières du christianisme fanatique et grossier de ce temps-là (2). Les anciens Germains ne les connaissaient pas; la loi salique ne fait mention que d'une seule : l'eau bouillante; mais bientôt elles se généralisèrent et le prétendu jugement de Dieu devint la règle et la preuve ordinaire.

(1) Faustin Hélie, t. I, p. 223. « La liberté est la loi commune; ce » n'est que lorsque l'accusé n'a ni propriété, ni *amis* pour répondre de sa » personne, qu'il ne peut en réclamer le bénéfice. »

(2) « Toutes ces épreuves avaient le caractère d'une cérémonie reli- » gieuse... Elles avaient lieu dans les églises. » Faustin Hélie, p. 239, t. I.

Les prêtres devaient aimer les ordalies ; car, grâce à leur science supérieure, ils pouvaient les falsifier à l'aise. Tout au contraire, ils repoussèrent toujours les combats judiciaires, qui dans ces temps de guerre et de force brutale, alors que tout homme était un soldat, étaient cependant plus logiques dans leur barbarie que les absurdes parades des ordalies.

Quant à la *question*, elle ne pouvait jamais être appliquée aux hommes libres.

Tel est le système de procédure criminelle en vigueur chez la plupart des peuples germaniques après la conquête (1).

Nous y trouvons l'accusation, la publicité, l'oralité et le jury dans sa plus large et plus libre manifestation.

Ces institutions, semblables au fond à celles de Rome, n'en venaient point cependant, car à l'époque de la conquête, elles n'existaient plus guère à Rome que de nom. Mais quel besoin les Germains avaient-ils de Rome? Ces principes ne sont-ils pas gravés dans la conscience de tous ceux qui ont le sentiment de la liberté et de la dignité humaine?

(1) Chez les Ostrogoths et les Visigoths il n'en était pas ainsi. Dès la conquête, le peuple influencé par les idées romaines, abdiqua sa liberté et ses droits entre les mains des rois et des conciles; comme le prouve le *Forum judicum*. Du Boys, t. I, p. 201.

§ IV.

JUSTICES FÉODALES.

1° JUSTICES SEIGNEURIALES.

Cependant la féodalité, le régime de la terre, fruit de la conquête, commençait à poindre. Pendant un instant, le laborieux enfantement en fut retardé par l'empire carolingien. Alors, à ce moment où les races germaniques se réunissent une dernière fois comme pour recueillir leurs forces, avant de prendre leur essor dans des voies différentes, deux institutions nouvelles apparaissent : les *missi* et les *scabini*. Fondées pour remédier au désordre que la féodalité naissante produisait dans les justices locales, elles n'y réussirent point.

Les *missi*, représentants de l'empereur, chefs de justice pouvant même au besoin remplacer les comtes, disparurent avec l'empire.

Les *scabini*, eux, naquirent comme les assesseurs à Rome, à mesure que les rachimbourgs et les *boni homines* désertaient les plaids (1). Ce furent des juges permanents, siégeant toujours, parfois avec les rachimbourgs quand il s'en présentait encore. Mais eux aussi durent bientôt se retirer devant le torrent féodal, et se réfugier dans les communes comme dans des châteaux forts, où nous les retrouverons plus loin.

(1) SAVIGNY, *Histoire du droit romain*, § 68.

Vers le xie siècle enfin, tous les éléments divers jetés pêle-mêle dans le monde germanique se confondent ; c'est le règne de l'anarchie ; il n'y a plus de loi ; la force et l'usage sont les seuls guides ; mais peu à peu, ces éléments se groupent, se massent, s'équilibrent et vers le xiie siècle, un nouveau système de droit criminel apparaît : le système féodal.

La terre est devenue le signe de la puissance ; le vasselage a chassé les *missi* et les *scabini* ; les hommes libres pauvres se sont mis sous le patronage du seigneur et les neuf dixièmes de la population sont engagés dans les liens du servage.

Il est évident que dans ce bouleversement, la juridiction locale du comte a dû faire place partout à la juridiction patrimoniale du seigneur ; jadis l'exception, celle-ci est devenue la règle.

Cependant le fond de la procédure n'a pas changé ; les seigneurs et leurs juges : baillis, prévôts, etc., ne font, comme les comtes, que diriger la justice ; les vrais juges sont toujours les jurés : seulement, ces jurés sont maintenant les hommes des seigneuries, les hommes de fief, les *pairs* de l'accusé.

Et quand apparurent les premières communes, ces *pairs*, nous le verrons, furent les bourgeois.

De même, la procédure est restée orale et publique. L'action criminelle débute toujours par l'accusation, ou la plainte. Toutefois la dénonciation suffit aussi ; alors, quand le fait est *clers et appert* (1), le crime est vengé

____

(1) Faustin Hélie, p. 321, t. I. Beaumanoir, ch. VI, 12 ; X, XLIII.

par *office de juge*. C'est là le premier rudiment féodal du ministère public.

Dans les autres cas, le seul pouvoir du juge est de garder l'accusé en prison, s'il y a de graves présomptions, ou bien de le mettre en liberté provisoire.

Quant aux preuves, elles sont restées les mêmes; mais la fréquence des parjures, les mœurs militaires ont étendu outre mesure le duel judiciaire, qui vers le xie siècle est devenu la preuve ordinaire.

2° JUSTICES ECCLÉSIASTIQUES.

Mais à côté de ces juridictions laïques, une nouvelle juridiction s'élève avec une force et une extension formidables : la juridiction ecclésiastique.

Déjà nous avons vu sous les empereurs romains, les évêques exercer une sorte de surveillance sur la procédure criminelle; bientôt ils obtinrent une certaine juridiction pour les légers délits des clercs.

Sous les barbares, ils conservèrent ces droits et s'efforcèrent de les étendre. Déjà, au temps de Clother Ier, ils surveillent les juges; peu à peu, ils obtiennent le privilége de juger tous les procès des clercs.

Dès lors, on pouvait prévoir que leur procédure allait se séparer du système accusatoire et entrer résolûment dans la voie inflexible des despotes et de ceux qui se croient les oints du Seigneur. Le cancer de la procédure inquisitoriale était né; nous allons le voir grandir au flanc de la procédure féodale, la corrompre peu à peu, à mesure que le pouvoir royal l'emporte sur le pouvoir du vassal, et l'étouffer enfin.

Le véritable, le seul but des juridictions ecclésiastiques fut de protéger les intérêts de l'Église. D'abord simple rempart contre les justices seigneuriales, elles devinrent sous Grégoire VII, Innocent III et Boniface VIII, un puissant levier de domination.

En vertu de ce principe que tout ce qui touche à l'Église est religieux, l'ambition des papes en vint à revendiquer tout le temporel comme leur appartenant. Les décrets des conciles et les décrétales des Papes, les compilations du *Decretum Gratiani* en 1140, des décrétales de Grégoire IX en 1234, de Boniface VIII au xiiie siècle, les Clémentines et les Extravagantes de Jean au xive siècle, vinrent enfin se réunir au xvie, dans le formidable ensemble du *Corpus Juris Canonici* de Grégoire XIII.

Dans le principe, les évêques et les archevêques seuls furent les dépositaires de ce droit criminel; mais bientôt ils déléguèrent des juges à eux, les *officiaux*, et c'est ainsi que naquirent au xive siècle les *officialités*, cours diocésaines de justice ecclésiastique dirigées par l'official, seul juge, et par le promoteur, surveillant de l'instruction requérant l'application de la peine.

Rien n'échappa à la juridiction ecclésiastique; elle étendit ses vastes ailes sur tout le monde féodal. Tout clerc y était soumis; et comme on était clerc pourvu qu'on portât tonsure, les croisés, les veuves, les *écoliers*, etc., etc., relevèrent de l'Église qui recouvrit bientôt de sa robe sacrée toutes les turpitudes et tous les excès (1).

Mais cela ne suffisait pas : l'Église s'arrogea le droit de juger en dehors des clercs tout ce qu'elle appelait délit ecclésiastique (2), c'est-à-dire, tout ce qui de près ou de loin touchait à l'Église, et particulièrement l'*hérésie* (3).

Fut-elle douce au moins, cette justice envahissante? On pourrait le croire, si l'on prenait à la lettre le célèbre axiome canonique : *Ecclesia abhorret a sanguine.* Mais cet axiome n'était qu'un leurre et un mensonge : si l'Église ne versait pas elle-même le sang, elle le faisait verser par d'autres ; Innocent III et ses successeurs firent du bras séculier leur exécuteur des hautes œuvres (4), et l'excommunication et l'interdit leur suffirent pour assurer à leurs sentences la plus stricte et la plus terrible exécution. En excommuniant le clerc en effet, on le rejetait de l'Église (5), on le dépouillait de tout droit à la pitié ou à la clémence ; d'un autre côté, en

(1) On vit des voleurs, des routiers, des escarpes de toute espèce, devenir justiciables des officialités. « Les juges d'Église, loin de répudier » ces abus et ces fraudes, n'y voyaient qu'un moyen d'étendre leur » autorité. » Faustin Hélie, p. 368, t. I; voir aussi pp. 367 et 370.

(2) Faustin Hélie. p. 371, t. I. Il en était ainsi jusqu'en Russie. Le Code Drevniaïa y donnait dès le XIIe siècle, au clergé, pour ainsi dire la totalité des délits. Du Boys, t. I, p. 575.

(3) Faustin Hélie, p. 372, t. I.

(4) « Il fut établi que l'accusé, après avoir été convaincu d'hérésie par le juge ecclésiastique, serait livré au juge séculier, qui le condamnerait à être brûlé vif et le ferait exécuter. » Faustin Hélie, t. I, p. 373. Cela avait même lieu en Angleterre. Le shérif était tenu *ex officio,* lorsqu'il était requis par l'évêque, de livrer aux flammes le criminel, sans attendre le consentement de la Couronne Du Boys, t. III, p. 275 note 2

(5) Faustin Hélie, t. I, p. 364

excommuniant ceux qui refuseraient de prêter main-
forte aux sentences, on s'assurait que le juge séculier
remplirait son office de bourreau (1).

Telle est dans son essence cette juridiction redoutable. Pour en arriver à ses fins, elle créa un nouveau
système de procédure criminelle, œuvre inique et monstrueuse, telle que n'en virent jamais les plus mauvais
jours de Rome ou de l'Égypte : l'inquisition.

Jusqu'au XIIe siècle, l'Église faible et perdue au
milieu du fracas féodal, en admet encore les errements (2) ; la publicité existe encore devant ses tribunaux ; mais l'emploi du latin commence à la rendre
illusoire, et l'oralité se voit amoindrie par des écritures
multipliées.

Mais Innocent III apparaît ; l'Église ne cache plus ses
desseins ; la *dénonciation* devient le procédé régulier pour
entamer l'action criminelle. Dès lors sont supprimées
les formalités de l'inscription et de la preuve de l'accusation par l'accusateur, et les procès d'enquêtes commencent.

Pour les diriger, les papes créèrent les inquisiteurs ;
ils les employèrent d'abord contre le bas clergé dont les
mœurs relâchées menaçaient de faire crouler l'édifice
chrétien. Ils ordonnèrent aux clercs de *dénoncer* aux
inquisiteurs tous les faits culpeux.

Quand ces faits étaient des crimes entraînant la dé-
gradation, Innocent III commandait à l'inquisiteur d'ac-

(1) Faustin Hélie, t. I. p. 384.

(2) C'est avec une sorte de timidité que la procédure *per inquisitionem*
se développa. Faustin Hélie, t. I, p. 400.

cuser devant l'official du diocèse; dans les autres cas, il devait juger et punir lui-même.

Dès son origine, comme on voit, l'inquisiteur se trouvait à la fois accusateur et juge, ministère public et juge du fond en cas de délit, ministère public et juge d'instruction en cas de crime.

C'était le germe de la procédure secrète, de la procédure *per inquisitionem*.

Les schismes et les hérésies le développèrent; on pouvait ainsi étouffer dans l'ombre les mauvaises doctrines. Boniface VIII ordonna le secret absolu; les noms même des accusateurs et des témoins durent rester cachés sous peine d'excommunication. Clément V et Jean XXII enfin trouvèrent l'arme si bonne, qu'ils en étendirent l'emploi aux délits communs. Dès lors, la procédure *per inquisitionem*, secrète et sans contradiction, fut la procédure ecclésiastique ordinaire.

Ces tribunaux du silence et de l'arbitraire, sans contrôle et sans loi, fonctionnèrent jusqu'au xvie siècle, époque à laquelle les ordonnances de 1580 et de 1667 les firent rentrer dans le droit commun.

Mais dans l'intervalle, ils avaient vicié ce droit commun jusqu'à la moelle, et l'Europe entière, à l'exception de l'Angleterre, était gouvernée par l'inquisition.

Les justices seigneuriales et les cours d'Église nous représentent, comme on voit, le moyen âge sous sa double face féodale et religieuse.

D'un côté le privilége féodal, le combat judiciaire, le règne de la force; de l'autre, le privilége clérical, l'excommunication et la foi.

Mais une différence radicale les sépare. Les justices féodales sont restées orales, publiques et soumises au jugement des pairs ; les justices ecclésiastiques sont écrites, secrètes et sans contrôle. Au premier abord, les tribunaux d'Église semblent meilleurs, parce qu'ils sont plus savants ; au fond, ils sont mille fois pires que les autres, car ils ne sont ni libres, ni publics ; c'est le régime du plus fatal des despotismes : le despotisme intelligent.

§ V.

JUSTICES COMMUNALES.

Au milieu de cet envahissement de la féodalité, l'ancienne justice locale persiste en se transformant, dans les communes. Sans nous occuper ici de l'origine des communes, encore bien confuse, disons toutefois qu'il est un fait certain, c'est que les communes ne naquirent point de pied en cap ; d'un autre côté, elles ne furent pas même partout une réaction contre la féodalité, mais le développement persistant de vieilles institutions municipales. Au Midi, les municipalités romaines ; au Nord, les cantons urbains germaniques sont la base même des communes ; associations d'hommes libres habitant les villes et ne pouvant par conséquent relever de la terre, ces communes subsistèrent comme autant d'îlots, au milieu de la féodalité qui montait ; alors, pour se défendre contre le flot croissant, pour se donner des digues, elles s'organisèrent, se firent octroyer des chartes et des priviléges et proclamèrent leur indépendance (1).

Ce mouvement fut général en Europe, parce qu'il était fondé sur des causes générales. Les formes seules différèrent. Un des caractères essentiels à toutes les communes, c'est une juridiction spéciale où le représentant du prince exerce le droit de justice, et où les pairs de l'accusé ont le droit de juger (2).

Cette juridiction est la reproduction exacte et précise des justices locales, des *quœstiones* romaines, enfin de tous les tribunaux criminels fondés sur le système accusatoire.

Les jurés des *quœstiones*, les bonshommes des plaids, s'appellent aujourd'hui les échevins, ou les consuls (3), selon qu'ils proviennent des communes du Nord ou des vieilles municipalités du Midi.

De même le représentant de l'État, le préteur des *quœstiones*, le comte des plaids, est maintenant le bailli du souverain.

« Les baillis, nous dit Warnkœnig (4), se trouvaient » vis-à-vis des tribunaux échevinaux, dans la même » relation que les préteurs à Rome vis-à-vis des juges;

(1) WARNKŒNIG, *Histoire de la Flandre*, traduction Gheldolf, t. II, p. 264. DU BOYS, t. I, p. 359.

(2) WARNKŒNIG, *Flandrische Staats-'und Rechtsgeschichte*, 1. IV, ch. III, § 27. DU BOYS, t. I, p. 361.

(3) Nous n'entendons nullement donner ici la liste complète des noms des magistrats municipaux.

(4) WARNKŒNIG, traduction Gheldolf, t. II, p. 155. Voir aussi WARNKŒNIG, 1. IV, ch. III, § 27.

» ils défendaient le principe monarchique, tandis que
» les échevins représentaient le principe démocratique...
» Ils réunissaient l'autorité du ministère public de nos
» jours avec celle de président; mais ils ne jugeaient
» pas eux-mêmes. »

Nous n'avons ni l'intention, ni la force de présenter ici un tableau complet de l'instruction criminelle dans les différentes communes de l'Europe; nous nous contenterons de résumer succinctement les principes suivis dans les communes d'Italie, d'Allemagne, d'Espagne, d'Angleterre, de Russie, de France et de Flandre.

En *Italie*, les communes ne furent que les anciens municipes latins reconstitués démocratiquement sous l'influence de la législation lombarde.

C'est surtout dans le droit criminel que cette influence avait été puissante; pendant deux cents ans les Lombards imposèrent à l'Italie le système germanique de procédure pénale et de justices locales (1).

Pendant les terribles guerres de la Papauté et de l'Empire, les communes italiennes se reconstituèrent et obtinrent des priviléges.

Parmi ces priviléges, nous trouvons en première ligne celui d'avoir une *juridiction criminelle* indépendante (2).

Cette juridiction fut toute germanique et la procédure y est accusatoire. Malheureusement, l'inquisition cor-

---

(1) Du Boys, t II, p. 391 et suivantes Auteurs cités.

(2) Paix de Constance entre Frédéric Barberousse et les villes de Lombardie, 20 juin 1183

rompit bientôt cette législation en dépit des efforts des villes (1), et dès le xive siècle le système inquisitorial règne en maître dans la plupart des républiques italiennes.

En *Espagne*, où l'autorité royale resta toujours fortement centralisée, la forme accusatoire n'en persista pas moins dans les *fueros* des villes. L'accusation privée, la publicité des audiences, le débat contradictoire, étaient la règle en Castille (2).

Mais là, comme ailleurs, à côté de l'accusation privée se montre l'accusation publique, provoquant ou surveillant l'information préparatoire.

Dès l'origine cette information se trouve fortement organisée en Castille. Devant chaque tribunal cinq informateurs (*pesquisidores*) sont chargés de procéder au criminel et de faire les enquêtes (*pesquisas*) (3).

Ces enquêtes n'avaient d'abord lieu que dans les cas rares du flagrant délit ou de la non-comparution (4) de l'accusateur. Chaque fois que l'accusateur ne comparaît pas, le juge, l'*alcade*, doit prendre connaissance de l'affaire et examiner s'il y a crime et si l'accusé est coupable (5).

Cette manière de procéder offrait un moyen facile aux accusateurs d'entamer les poursuites sans encourir de

(1) Du Boys, t. II, p. 405. En 1318, la ville d'Ivrée décida que ni podestat ni juge ne pourrait plus procéder inquisitorialement.
(2) Du Boys, t. IV, p. 141.
(3) *Id.,* t. IV, p. 101. *Fuero viejo,* xie siècle.
(4) *Id.,* t. IV, p. 177. *Fuero real,* xiiie siècle. *Del Estillo,* ley 92.
(5) *Del Estillo,* ley 95.

responsabilité; aussi l'information d'office s'étendit elle
bientôt, même aux cas où il n'y avait pas de plaignant.

D'après les *Partidas*, le juge instruisait d'office dans
quatre cas : en cas de *delacion*, de *denuncia*, de flagrant
délit et par excitation de *fiscal*, c'est-à-dire par ordre
du roi (1).

Quand l'accusateur se présentait, la procédure de-
meurait publique et contradictoire; l'accusation devait
être écrite et exactement motivée. Le juge la communi-
quait à l'accusé et le citait à comparaître dans les vingt
jours (2). « La procédure bien dirigée par le juge, nous
» dit Du Boys (3), était une sorte de dialogue, un
» drame où tout pouvait se passer par demandes et
» réponses. » L'accusé pouvait s'aider du ministère d'un
avocat (*abogado*), soit de vive voix, soit par écrit (4).

Mais bientôt l'arbitraire royal et l'influence ecclésiastique vinrent peser sur les enquêtes et les dénaturer.

La *pesquisa* fut admise chaque fois que les parties le
désirèrent (5); les témoins furent entendus en secret, et
leurs noms purent même rester cachés (6). La torture
enfin fut admise chaque fois qu'il y avait des présomptions graves.

L'inquisition approchait.

---

(1) Du Boys, t. IV, p. 280.

(2) *Id.*, t. IV, p. 272. Partida VII, titre 1, ley 14.

(3) P. 263, t. IV.

(4) Du Boys, t. IV, p. 254. Partida III, titre 6, ley 3. Les Partidas
instituaient même la *défense d'office* obligatoire et gratuite. Partida III,
titre 6, ley 6.

(5) Du Boys, t. IV, p. 265. Partida III, t. XVII, ley 1.

(6) *Id.*, t. IV, p. 266.

En Aragon, les libertés communales étaient plus fortes encore qu'en Castille. L'instruction tout entière y était accusatoire.

Cependant l'accusation publique existait :

Faute d'un accusateur, disait Ferdinand II (1), les crimes les plus graves échappent trop souvent à toute répression ; en conséquence il avait ordonné, conformément à la volonté des Cortès, que toute cité ou tribunal fût obligée de nommer un procureur ou *bayle* chargé de poursuivre *tous* les criminels de sa juridiction.

Quant à la *pesquisa,* elle était formellement prohibée dans le royaume entier (2).

L'Aragon avait de plus un gardien vigilant de ses *fueros,* toujours debout pour défendre la liberté de l'accusé (3) contre la royauté et l'Église : le *justicia* ou grand justicier d'Aragon (4).

Les rois après avoir tenté vainement de restreindre la publicité et d'introduire les enquêtes, renversèrent violemment à la fois les *fueros* et le *justicia* (5).

En Catalogne enfin, la procédure accusatoire la plus complète existait dès le xie siècle (6).

En *Angleterre,* nous l'avons dit, dès les Saxons le système accusatoire était en pleine vigueur ; la conquête

(1) Du Boys, t. IV, p. 480.
(2) *Id.,* t. IV, p. 485.
(3) *Id.,* t. IV, p. 525.
(4) *Id.,* t. IV, p. 523.
(5) *Id.,* t. IV, p. 559. C'est Philippe II qui fit mettre à mort le dernier des *justicia* d'Aragon, don Juan Lanuza.
(6) Du Boys, t. IV, p. 607.

normande amena une réaction qui dut s'arrêter devant
l'indomptable énergie des Anglais, et la Grande Charte
de 1215 consacra pour jamais les droits du peuple en
présence de ceux du roi.

Aussi, chose digne de remarque, tandis qu'en France
les justices locales étaient peu à peu dépouillées au profit de la justice centrale du roi, en Angleterre la justice
royale fut successivement limitée au profit de celle des
pairs et de ce qu'on a appelé avec tant de raison la justice du pays, *the trial by country* (1).

Ce n'est pas à dire que la procédure normande n'ait
influé sur le droit criminel saxon ; elle lui donna plus
d'unité et perfectionna surtout l'instruction préparatoire.

Les jurys d'accusation ou grands jurys devinrent de
véritables jurys d'enquêtes (2) appuyés et dirigés par de
nombreux magistrats informateurs, parmi lesquels nous
remarquons surtout les *justitiarii itinerantes* (3), espèces
de *missi* royaux près les assises des comtés, chargés
d'abord de recueillir les preuves des crimes, puis de
punir les criminels dénoncés par le verdict d'*indictment*
du jury d'accusation (4).

Bientôt ces justiciers ambulants reculèrent devant la
responsabilité de décider seuls d'un point sur lequel
tout un jury avait été appelé à rassembler les présomptions ; ils s'adjoignirent en conséquence, afin d'étayer
leur jugement, un nouveau jury : le jury de juge-

(1) Du Boys, t. III, p. 89.

(2) *Id.*, t. III, p. 157. Gneist, t. II, p. 76.

(3) Gneist, p. 133 à 137, t. I. Du Boys, t. III, pp. 132 et 135. Ces
justitiarii paraissent être d'origine normande.

(4) Du Boys, t. III, p. 168.

ment (1). Cela eut lieu surtout dans les cas où il n'y avait
pas d'accusateur et où la clameur publique avait seule
désigné l'accusé.

« Dans ces cas de procédure *per famam*, nous dit
» Du Boys (2), le justicier se servit du jury d'accusa-
» tion comme d'un instrument pour découvrir la vérité ;
» il le plia à.toutes les exigences d'une procédure dont
» il jugeait les résultats. » Il ouvrit et dirigea en un mot
une vaste enquête publique et orale (3), sur le fait incriminé, et soutint ensuite devant le jury de jugement le
verdict d'*indictment* rendu par le jury d'accusation.

Le seul défaut de cette procédure était la défense faite
à l'accusé de produire des témoins à décharge devant
les deux jurys (4). Cette coutume qui tenait.sans doute
à ce que dans l'origine les jurys étaient des grandes enquêtes, s'est perpétuée jusqu'à nos jours pour le jury
d'accusation.

Mais à côté du *justitiarius itinerans*, que nous retrouvons encore aujourd'hui dans les juges délégués par
les cours suprêmes pour présider les assises, bien d'autres magistrats locaux étaient chargés de *conserver la
paix du pays*.

Parmi eux nous remarquons les shérifs, *shiregere-*

_____

(1) Les origines du jury de jugement sont d'ailleurs fort compliquées.
La décadence des jugements de Dieu y contribua puissamment. Voir
GNEIST, t. I, p. 138 à 140 et p. 226.

(2) Du Boys, t. III, p. 197.

(3) *Id.,* t. III, p. 75.

(4) *Id.,* t. III, p. 185 et suivantes. Toutefois l'accusé jouissait d'un
droit de récusation très-étendu. Mais il ne pouvait user dans l'origine
du ministère d'un conseil.

fas (1), hauts officiers de police élus par le peuple et chargés d'arrêter d'office les criminels en cas de flagrant délit.

Puis les coroners (2), qui eux aussi provoquaient et dirigeaient les enquêtes préparatoires en l'absence d'accusateur, et en remettaient ensuite le libellé aux assises du comté.

Enfin, les juges de paix, institution féconde entre toutes, véritables *conservatores pacis* (3), qui aujourd'hui encore remplissent si dignement en Angleterre les fonctions de magistrats instructeurs.

Comme nous le voyons, dès le xive siècle l'Angleterre possédait un système d'instruction criminelle complet où la plupart des garanties de la défense étaient respectées, et où la seule question de savoir si l'on pouvait mettre un citoyen en accusation était déjà confiée au contrôle et au verdict de ses *pairs*.

A ce spectacle, nous ne pouvons que partager l'opinion de sir John Fortescue, quand il disait au xve siècle avec un si légitime orgueil en parlant de la justice criminelle de son pays : « Les choses étant ainsi, je m'étonne » qu'on n'adopte pas dans le monde entier une pareille » législation (4). »

En *Allemagne*, la forme accusatoire persistait au milieu du chaos de la législation (5).

(1) Du Boys, t. III, p. 70.
(2) *Id.*, t. III, p. 72.
(3) *Id.*, t. III, p. 78. Gneist, t. II, pp. 77-78, t I, p. 232 à 253.
(4) *De laudibus Angliæ*, Fortescue, ch. XXVIII.
(5) Du Boys, t. II, p. 585.

D'après le Miroir de Saxe (1) dont l'autorité s'étendit bientôt à toute la Germanie, les tribunaux ou *dings*, étaient composés d'un juge président, de *scabini* (2) et d'un *frohnbote* ou *præco* électif, sorte de représentant du ministère public et de *mainteneur de la paix*, qui avait le droit de faire, comme le shérif en Angleterre, les arrestations sur les personnes et les saisies sur les biens (3).

Quant à l'instruction, elle était à la charge des parties ; cependant lorsqu'il ne se présentait pas d'accusateur, le bailli ou le *schultheiss* dénonçaient les crimes graves et informaient d'office (4).

Le débat définitif était dans tous les cas contradictoire et public, et l'accusé pouvait avec la permission du juge se faire aider d'un avocat, le *fürsprecher* (5).

En *Russie* même, les communes étaient fortes et puissantes. Novogorod et Riga avaient leurs priviléges (6) ; « Novogorod est son propre juge, » disait un vieil adage. Son tribunal populaire était le *Vetché*. La détention préventive n'existait qu'à défaut de caution.

(1) Le *Sachsenspiegel* est une compilation des coutumes de la Saxe, faite au xiiie siècle, par Ecke de Repgow et Hoyer de Valkenstein. Il fut bientôt suivi du Miroir de Souabe, *Schwabenspiegel,* qui est loin d'avoir la même valeur.

(2) Les échevins étaient, dans les principales villes de Germanie, la voix vivante du droit civil ou criminel. Du Boys, t. II, p. 566.

(3) *Miroir de Saxe,* l. III, art. 56, §§ 1, 2, 3. Voir Du Boys, t. II, p. 521, note 3.

(4) Du Boys, t. II, p. 586. Eichhorn, *Deutsche Staats- und Rechtsgeschichte,* IIe partie, § 382.

(5) Du Boys, t. II, p. 528.

(6) *Id.,* t. I, p. 604.

Dans les communes de *France*, qui n'eurent d'ailleurs qu'une durée éphémère, les mêmes principes étaient en vigueur (1).

Il est temps d'en arriver à notre pays. Aussi bien c'est en *Belgique* et surtout en *Flandre* que le mouvement communal se manifesta dans toute son énergie, dans toute sa splendeur, si nous pouvons parler ainsi. Puissantes et libres, les communes flamandes se présentent à nous, comme autant d'individualités distinctes ; là, plus d'intervention régulière et générale du pouvoir central comme en Angleterre et en Espagne ; plus d'anarchie féodale non plus, comme en Italie et en Allemagne ; mais des juridictions communales indépendantes et variées.

Les juges de la commune en Flandre étaient les échevins (2) (*schepen, keurheeren, koremani, keurmannen*, etc.). Leur tribunal s'appelait la *keure*, la *chora* (3). Parfois ils déléguaient eux-mêmes des juges spéciaux, les *vinders*, ou jurés.

Le tribunal des échevins était le seul compétent pour toutes les causes criminelles, à l'exception des grands crimes (*causæ arduæ*) qui relevaient de la juridiction du comte.

(1) Du Boys, t. II, pp. 371 à 383. Augustin Thierry, *Lettres sur l'Histoire de France.*

(2) Dans les villes où n'existait pas de tribunal échevinal, la justice était rendue par le seigneur ou son représentant. *Keure de Ten Kamere,* an 1193. Warnkœnig. l. IV, ch. III, § 27.

(3) Le nom général du tribunal était : *de Wet*, la Loi. *Keure*, dans l'origine : statut. puis ordonnance échevinale, etc. Warnkœnig, traduction Gheldolf, l. II, ch. V, § 41.

Aussi les comtes essayèrent-ils maintes fois de limiter le pouvoir des *keures*, au moyen de leurs plaids généraux, *duergynga*, plus tard *doorgaende waerheden*, communes vérités, ou sous un nom plus caractéristique, *stille waerheden*, coies vérités.

C'étaient des réunions où tous les hommes du comte, *lœten* ou libres, étaient tenus de comparaître pour résoudre certaines questions criminelles. Au fond, les coies vérités n'étaient, comme l'indique leur nom, que des informations secrètes où l'on ne rencontrait aucun adversaire, auteur avoué d'une plainte connue (1), et dont le comte se servait arbitrairement pour affermir son autorité.

Il n'y a donc rien d'étonnant à ce que les communes n'en voulussent point supporter le joug et s'en fissent affranchir (2).

Il était défendu de tenir coie vérité ou information secrète et d'office, à charge des bourgeois de Gand.

« La coye vérité sour les bourgois de Gant est en-» contre le droit de frankise de la vile de Gant, encon-» tre Dieu et encontre droit commun, » disaient fièrement les XXXIX en 1290 (3).

Il en était de même à Bruges. Philippe le Bel protégeant par politique les Brugeois contre leur comte Gui de Dampierre, lui reproche en 1297 « d'avoir oublié les » priviléges de Gand et d'avoir admis, entre autres

---

(1) WARNKŒNIG, traduction Gheldolf, t. II, ch. III, § 25.

(2) Les villes surent se faire affranchir l'une après l'autre de ce genre de tribunaux inquisitoriaux, tant elles les avaient en haine. WARNKŒNIG, traduction Gheldolf, t II, ch. III, § 25.

(3) WARNKŒNIG, traduction Gheldolf, t. III, p. 83.

» erreurs, la procédure intolérable, vulgairement appe-
» lée coye vérité, dans les crimes les plus dangereux,
» sans cédule d'assignation et sans que l'inculpé soit en-
» tendu pour sa défense (1). »

Enfin le même Gui de Dampierre avait été forcé d'affranchir les bourgeois d'Ypres de toute commune vérité
par un privilége du 22 octobre 1277 (2).

Comme nous le voyons, les communes se débarras-
sèrent bientôt de ce rudiment d'inquisition, pour suivre
librement le système accusatoire des keures.

Les audiences de la keure se tenaient dans des lieux
appelés *vierschare* (3), situés sur une place, près d'un
arbre, plus tard dans une salle. A Gand et à Bruges
jusqu'en 1793, les audiences se tinrent dans les vesti-
bules des maisons communales (4).

Les audiences étaient présidées par le bailli, l'écoutète, etc., représentants du prince (5), qui les ouvraient
avec les formes du plus profond respect pour la justice
populaire (6).

Le débat y était essentiellement public et contradic-

(1) Warnkœnig, traduction Gheldolf, t. IV, § 6, p. 107.

(2) Warnkœnig et Gheldolf, t. V, p. 107.

(3) Les *vierschare*, de *vier-scarnen*, *scrannen*, quatre bancs A cause
des quatre bancs qui donnaient à la place d'audience sa forme régulière
et où siégeaient les juges et les parties. On appelait aussi *vierschare* une
audience solennelle et le ressort de tout un tribunal. Warnkœnig, l. IV,
ch. III, § 25, p. 271. Traduction Gheldolf, l. II, ch. III, § 25, p. 123.

(4) Warnkœnig, l. IV, ch. III, p 272.

(5) L'écoutète ou *schultetus* était soumis au bailli, comme l'est de nos
jours, le procureur du roi au procureur général. Dans les villages, les
représentants du prince portaient encore les noms de *villicus, maior,
castellanus,* etc. Warnkœnig, traduction Gheldolf, t. II, p. 161.

(6) Warnkœnig, l IV, appendice, p. 62.

toire. Les fonctions de haut officier de police y étaient confiées à un *præco* analogue au *frohnbote* allemand.

Le procès commençait généralement par l'accusation privée.

Mais quand il ne se présentait pas d'accusateur ou en cas de flagrant délit, la poursuite d'office avait lieu.

La première information devait être très-courte; le bailli, le *præco* ou l'amman la conduisaient d'ordinaire et se livraient à toutes les recherches propres à la découverte de la vérité, saisies, visites domiciliaires, enquêtes, etc. (1).

Mais les véritables juges informateurs, les conservateurs de la paix, c'étaient les chefs de la commune.

A Bruges, le bourgmestre de la commune, le *rewars*, était chargé d'office de poursuivre les criminels devant la *Vierschare*. Comme les *defensores civitatis*, avec lesquels il a une analogie frappante (2), le *rewars* veillait à ce que la paix publique fût maintenue.

L'avoué d'Ypres, le *voogd*, avait les mêmes droits (3).

Dans les cas où il s'agissait de mort violente, l'enquête s'ouvrait immédiatement sous la direction du bailli et de sept échevins.

Placé en détention provisoire, l'accusé avait le droit de réclamer un jugement dans les trois jours ou sa mise en

---

(1) Il en était de même dans le Brabant. Voir la *Keure de La Hulpe.* Van Coetsem, *Droit pénal du Brabant au* xiiie *siècle.*

(2) Warnkœnig, traduction Gheldolf, t. IV, § 9, pp. 147 et 148. « Nous croyons pouvoir conclure, dit-il, que sous le rapport juridique, » les conseillers ou jurés de Bruges sont les successeurs des *decuriones* » du Bas-Empire et leur bourgmestre celui du *defensor civitatis.* »

(3) Warnkœnig et Gheldolf, t. V, p. 143.

liberté. Il ne pouvait même être retenu, s'il offrait caution (1).

Ces principes ne souffraient d'exception qu'en cas de crime capital. Mais dans les autres cas, lorsque le bailli ou les plaignants voulaient faire entendre de nouveaux témoins et compléter l'information, il fallait mettre l'accusé en liberté provisoire.

L'accusé devait dans tous les cas être cité par le plaignant aidé du *præco* et d'un échevin (2), et la plainte une fois communiquée au ministère public, les parties avaient le droit de se défendre à leur guise. Celui qui n'était pas capable de présenter lui-même sa défense, pouvait se faire aider d'un *Prolocutor*.

A l'audience, l'accusé était interrogé ; mais il avait le droit de ne répondre qu'à ses pairs, *suis paribus* (3). Cela était poussé si loin que l'homme d'Église comparaissant en justice était obligé de prendre un avocat laïque, afin de pouvoir être contraint à répondre aux questions du juge laïque (4).

Si l'accusé avouait, *confessus pro convicto habebatur*.

S'il niait, il fallait procéder à une instruction nouvelle ; aussi les keures disent-elles qu'en citant les parties, il faut citer en même temps leurs témoins

---

(1) D'après la *Keure de Furnes,* tout prisonnier est mis en liberté le quatrième jour, quand dans les trois jours aucun plaignant ne paraît ou quand il veut donner caution. Warnkœnig, l. IV, ch. III, § 32, p. 287. Comparer avec les *Keures du Brabant*.

(2) *Troisième Keure de Gand. Troisième Keure de Bruges. Coutume échevinale de Gand de* 1228.

(3) *Keure de Furnes,* §§ 15 et 52.

(4) Cela nous explique pourquoi, devant la keure de Gand, nous voyons un laïque plaider pour un clerc. Warnkœnig, l. IV, ch III, § 32.

auxquels le bailli doit donner une escorte sûre (1).

A côté des témoins, l'on comptait encore au XIIe siècle, parmi les moyens de preuve, les ordalies, le duel, le serment et les écritures.

Au XIIIe siècle, le duel et les ordalies avaient disparu.

Telle était, à grands traits, la procédure criminelle dans nos communes ; comme on l'a vu, l'information préparatoire n'était pas livrée à l'arbitraire et dans tous les cas se faisait librement et en plein soleil. Pas n'est besoin de dire que la torture était inconnue (2).

Ce qui caractérise en outre cette information, c'est sa rapidité.

« En tenant compte des délais les plus longs, nous dit » Van Coetsem (3), le jugement ne se faisait jamais attendre » plus de deux ou trois mois, à partir de la poursuite. »

Nous sommes loin de là aujourd'hui !

Nous terminons ici ce rapide aperçu des justices communales au XIIIe siècle. Ce magnifique épanouissement du système accusatoire ne dura malheureusement pas longtemps. Battu en brèche de tous côtés par les rois, l'édifice communal s'écroula morceau par morceau. Au XVIe siècle, il n'en reste pour ainsi dire plus que des débris, sauf en Angleterre, où le temps n'a fait que fortifier l'œuvre des communes et où nous pouvons juger, par ce témoignage vivant, de ce que la procédure criminelle aurait été ailleurs sans l'inquisition.

---

(1) Warnkœnig, l. IV, ch. III, § 32.

(2) La torture nous vint de France au XVe siècle avec les ducs de Bourgogne. Van Coetsem, *Droit pénal du Brabant au XIIIe siècle.*

(3) Van Coetsem, p. 139.

§ VI.

JUSTICES ROYALES.

Vers le xiiie siècle, le droit romain reparut ; mais au lieu d'y puiser les règles larges et libérales de la justice criminelle, on n'y vit que l'unité, et ce droit qui eût pu servir la liberté, ne favorisa que la centralisation.

La puissance royale en fit son profit ; et sous son influence s'opéra lentement un changement complet dans l'instruction criminelle des laïques. Quand ce changement fut accompli, la justice royale devenue *une* comme la justice ecclésiastique s'empressa de lui emprunter son arme puissante : l'inquisition.

Assistons à ce changement :

Les rois créèrent d'abord des surveillants de leurs droits près des cours seigneuriales et des tribunaux municipaux : les baillis ou sénéchaux (1), qui eux-mêmes ne tardèrent pas à être supplantés par leurs lieutenants légistes (2) ; ceux-ci ne laissèrent plus bien-

(1) « Les baillifs et sénéchaux étaient au commencement comme simples commissionnaires que le roi envoyait par les provinces pour l'informer des déportements des prévôts, vicomtes, viguiers, et faire leur rapport au parlement et conseil du roi. » *Recherches de la France,* l. IV, ch. XVIII, Pasquier, cité par Faustin Hélie. t. I, p. 423.

(2) C'est l'ordonnance de 1498 qui donna le dernier sceau à cette institution.

tôt aux baillis que le nom. En même temps les jurés du fief disparurent pour faire place à des juges permanents.

Bientôt se dessina une hiérarchie étroite de fonctionnaires et de tribunaux royaux qui, en France, portèrent le nom de prévôtés, bailliages et parlements. Ces derniers, nés au xiiie siècle, dominèrent les justices seigneuriales et communales à l'aide des cas royaux, et finirent par dominer aussi les tribunaux ecclésiastiques eux-mêmes.

De même les procureurs (1), lieutenants des baillis créés pour les remplacer dans les poursuites des amendes et la perception des revenus, devinrent sous Philippe le Bel, en France, de véritables agents du gouvernement près les tribunaux (2).

La centralisation royale, l'influence du droit canon dans la poursuite d'office poussèrent les rois de France à régulariser cette institution des procureurs, qui après une transformation qui dure un demi-siècle (1300 à 1350), se trouva en possession de tous les pouvoirs du ministère public (3). Ces procureurs du roi poursuivirent d'office les cas royaux, donnèrent leurs conclusions sur

(1) Dans l'origine les procureurs étaient seulement des représentants des parties dans les procès civils. On les trouve déjà au xiiie siècle. Faustin Hélie, t. I, p. 462.

(2) Faustin Hélie, t. I, p. 464.

(3) Dès le xve siècle le ministère public existait devant toutes les juridictions royales, seigneuriales ou ecclésiastiques. « Mais, dit Faustin » Hélie, t. I, p. 477, il est certain que ses fonctions ne sont pas » encore indiquées avec précision et demeurent quelque temps embar- » rassées et confuses. » Ce n'est qu'au xvie siècle que tout cela allait s'éclaircir.

la répression des délits, en un mot agirent en véritables représentants du ministère public (1).

Vers le même temps la procédure par enquêtes s'introduisit devant les tribunaux : à mesure que tombait le combat judiciaire, la preuve par témoins renaissait, mais sous une forme nouvelle créée par l'influence des nouvelles idées. Cette forme, c'est l'*enquête,* c'est-à-dire l'information hors l'audience, par commissaire délégué, en secret et par écrit.

L'influence du droit canon, la rapidité, la sûreté de l'accusation, enfin le droit d'appel, la firent admettre par les tribunaux laïques. Déjà existante dans les Établissements de saint Louis, l'enquête fut bientôt le seul mode de preuve. La procédure secrète en sortit directement. Dans le droit canon, cela avait eu lieu instantanément pour ainsi dire ; dans le droit laïque la transformation fut plus longue, mais non moins radicale.

Les audiences continuèrent d'abord à être publiques ; mais on prit l'habitude de juger sur les procès-verbaux d'enquête ; puis, la dénonciation ayant remplacé l'accusation, toujours dangereuse, les débats d'audience furent supprimés ; enfin, les jugements eux-mêmes furent rendus secrètement (2) dans tous les procès *extraordinaires,* c'est-à-dire dans tous les procès qui ont pour objet les grands crimes qui sont déniés, en un mot les procès de

______

(1) Faustin Hélie, t. I, p. 469.

(2) *Id.,* t. I, p. 539. Les jugements étaient rendus soit en public, soit en chambre de conseil, « selon les louables coutumes-des lieux » et en présence du prisonnier.

grand criminel (1). Dans les procès ordinaires, au contraire, l'instruction débutait bien par un rapport d'enquête, mais après cela, l'affaire était débattue en public, comme une affairé civile. Ces règles se trouvent pour la première fois nettement établies dans la célèbre ordonnance de Louis XII de 1498, base de la procédure inquisitoriale et des ordonnances de 1536 et 1539, qui lui donnent sa forme définitive.

Cette ordonnance de 1498, renferme pour ainsi dire un dernier hommage à la procédure orale et publique : « Si l'on n'a pu rien gagner par le procès extraordinaire, dit-elle, on rentrera dans l'ordinaire. » C'est-à-dire qu'en désespoir de cause, lorsque l'inquisition n'avait pu faire jaillir la vérité, on recourait encore à la vieille forme accusatoire et publique, comme à un pis-aller!

Avec le système inquisitorial, inique dans son principe, toutes les iniquités devaient faire leur apparition. Ce n'était pas assez du secret, de la dénonciation, de l'arbitraire, de l'irresponsabilité et de la détention préventive ; la torture et la question rentrèrent en scène!

Peu connue des anciens, complétement disparue avec la conquête germanique, la torture reparaît enfin vers le XIIIe siècle, avec l'inquisition ; elle a ses docteurs et ses légistes ; elle n'est pas seulement tolérée comme un mal nécessaire, mais elle est proclamée comme un principe, comme le seul principe de l'instruction criminelle. Cela devait être! Après le secret, la torture ; on avait supprimé le débat, il fallait l'aveu!

(1) Faustin Hélie, t. I, p. 537.

La torture est le couronnement de ce sombre édifice de l'inquisition, dont les colonnes fondamentales sont l'instruction secrète, la procédure écrite, les juges enquêteurs et le ministère public.

Ce formidable instrument de domination est aujourd'hui entre les mains du roi, qui s'est élevé peu à peu entre les seigneurs et le clergé, a renversé leurs justices, mais s'est assimilé avec soin les institutions ecclésiastiques qui ne convenaient que trop à l'idéal de la royauté.

Deux siècles ont suffi à l'inquisition pour bouleverser de fond en comble toute la procédure criminelle, obscurcir toutes les idées de droit pénal, et pour créer un système dont la fatale influence pèse encore aujourd'hui sur nous.

§ VII.

SYSTÈME INQUISITORIAL.

Au xvie siècle, toute l'Europe obéit au principe inquisitorial, à l'exception de l'Angleterre (1). Le despotisme et la réforme religieuse poussaient les rois catholiques à adopter dans son entier la procédure ecclésiastique (2).

(1) Les Tudors essayèrent d'implanter la procédure inquisitoriale en Angleterre, au moyen de la Chambre étoilée. Mais elle ne fit que végéter à l'état d'exception et tomba bientôt sous la réprobation générale. Du Boys, t. III, p. 199.

(2) Albéric Allard, *Droit criminel au xvie siècle*, p. 163.

Aussi de tous les côtés les souverains s'empressent de rendre des ordonnances qui établissent le jeu régulier et sûr de l'inquisition, et étouffent les derniers restes des justices communales et accusatoires.

En Allemagne, la Caroline de Charles V (1532), obligatoire pour tous les États de l'Empire, vient courber sous sa règle froide et rigide les justices variées qui régnaient depuis Charlemagne, et dont le *Miroir de Saxe* et celui de *Souabe* nous ont donné une faible idée. En Espagne, les *fueros* tombent sous les coups répétés de Charles V, de Philippe II et de leurs successeurs. La *pesquisa* secrète et l'inquisition religieuse envahissent toutes les juridictions.

En Russie, l'*Oulogénié zakonof* de 1498 introduit la procédure d'office à côté du système accusatoire, et le *Sobornoié oulogénié* de 1649 fait prévaloir définitivement la torture et l'instruction secrète.

Dans nos provinces, la Caroline renverse de même sous sa loi inflexible tout ce que les ducs de Bourgogne nous avaient laissé de libertés ; et les ordonnances de Philippe II de 1570, l'Édit perpétuel de 1611, plusieurs dispositions du Règlement de 1787 complètent son ouvrage.

En France, le développement inouï de la royauté amène une transformation plus radicale et plus méthodique encore. C'est cette procédure française que nous allons désormais avoir surtout en vue, puisque c'est d'elle que sort notre législation actuelle.

A mesure, en effet, que la monarchie absolue s'établissait, la procédure inquisitoriale se fortifiait et se centralisait. L'ordonnance de 1539 l'avait établie ; l'ordonnance de 1670 lui donna la dernière main.

Plus d'accusation désormais ! Toute action criminelle s'ouvre par une plainte ou une dénonciation ; l'information qui suit n'est qu'une longue enquête secrète, dans laquelle chaque témoin est interrogé séparément par le juge assisté de son greffier.

Ce juge quel est-il ? Véritable fils de l'enquêteur ou inquisiteur ecclésiastique, il fut d'abord pris parmi les juges du tribunal, mais bientôt il devint un magistrat public, représentant de l'État, le *lieutenant criminel* (1).

Toutefois, dans l'origine, commission d'enquête pouvait aussi être donnée par le tribunal aux tabellions, etc. L'ordonnance de 1670 le défendit. Désormais il y a donc un juge d'instruction, un homme qui dirige toute la procédure criminelle dans sa période préparatoire et dans sa phase définitive ; ou plutôt ces distinctions n'existent plus ; l'instruction tout entière n'est qu'une longue enquête, dirigée par un seul homme agissant dans l'ombre et sans contrôle.

L'enquête préparatoire terminée, vient le décret ou jugement d'ajournement.

L'accusé est *pris de corps* (2), et interrogé dans les vingt-quatre heures ; toutes les ruses sont bonnes pour lui arracher un aveu ; aucun défenseur ne peut l'assister. Cette absence de défenseur, l'ordonnance de 1670

____

(1) Ordonnance de 1522.

(2) Le décret de prise de corps était la règle générale, dit Faustin Hélie, t. V, p. 739. Donc la détention préventive avait lieu presque dans tous les cas.

la pose en principe. L'accusé, quelle que soit sa qualité, ne peut avoir aucun conseil, même après sa confrontation, nonobstant tous usages contraires (1).

A ce principe, il n'y avait que deux exceptions : 1° en cas de banqueroute, etc. ; 2° en cas de crimes non capitaux.

Nous ne saurions mieux flétrir ce système barbare, qu'en citant les nobles paroles par lesquelles protestait le chancelier de Lamoignon : « Entre tous les maux qui peuvent arriver dans la distribution de la justice, disait-il, aucun n'est comparable à celui de faire mourir un innocent ; il vaudrait mieux absoudre mille coupables (2). »

Les interrogatoires terminés, commençait la procédure définitive qui ne différait en rien de la préparatoire. On procédait au recolement des témoins et, au besoin, à leur confrontation avec l'accusé ; puis le ministère public donnait ses conclusions pour demander soit la peine, soit une nouvelle enquête, soit la torture.

Enfin la cause était transmise au tribunal qui faisait subir un dernier interrogatoire à l'accusé (3) et jugeait sur pièces, en se trouvant de plus lié par la théorie barbare des preuves légales.

C'est dans ces conditions que se traitaient les affaires criminelles ; depuis le premier jusqu'au dernier acte tout

---

(1) Ordonnance de 1670, t. XIV, act. 8 et sq., Faustin Hélie, t. I, p. 629.

(2) Procès-verbal des conférences de l'ordonnance de 1670, pp. 165 et 166, Faustin Hélie, t. I. p. 630.

(3) Ordonnance de 1670, t. XXV, act 10, Faustin Hélie, t. I, p. 660.

y était secret ! Il n'y avait aucune garantie pour l'accusé ;
aucune égalité entre lui et l'accusateur ; aucune garantie
pour la justice même, puisque les juges jugeaient sur
pièces recueillies par un seul homme. En résumé,
cette procédure aboutissait à l'arbitraire le plus absolu
du juge, et faisait de la justice, une machine infernale
entre les mains de l'intrigue, de la haine et du fana-
tisme.

§ VIII.

RÉVOLUTION FRANÇAISE.

Battu en brèche depuis deux siècles par tous les esprits généreux, par Loisel et Ayrault, en 1539, par Lamoignon en 1670, par les philosophes et Beccaria dans
le xviiie siècle, le système inquisitorial succombe enfin
sous la réprobation générale en 1789. Mais telle était
la profondeur des racines de l'inquisition, que la hache
révolutionnaire ne parvint pas à l'extirper complète-
ment.

L'Assemblée constituante, au lieu d'opter entre les
deux systèmes, l'accusatoire et l'inquisitorial, eut peur
et fit un compromis.

Les anciens procès ordinaires furent remis aux tribunaux municipaux et aux tribunaux correctionnels où
l'instruction se fit à l'audience ; quant aux procès extraordinaires ou criminels, ils passèrent au jury.

Désormais l'officier de police, juge de paix, reçut les plaintes, entendit les témoins, décerna les mandats, et le directeur du jury, véritable juge d'instruction pris parmi les juges du tribunal, compléta l'instruction commencée, dressa l'acte d'accusation et présida un jury d'accusation composé de huit membres, qui décidait sur ses explications, et après témoins entendus pour et contre, s'il fallait ou non poursuivre.

Comme on le voit, le directeur du jury remplaçait le lieutenant criminel, et ce n'est pas une des moindres bizarreries de ce système que de voir le même juge qui dressait l'acte d'accusation, présider ensuite et diriger le jury qui décidait de l'accusation.

Le renvoi décidé par ce jury, l'accusé pouvait enfin prendre un conseil; l'accusateur public soutenait l'accusation devant le jury de jugement et le commissaire du Roi requérait l'application de la loi (1).

La loi du 3 brumaire an IV, et surtout celle du 7 pluviôse an IX, changèrent ce système. La loi de pluviôse établit des magistrats de sûreté, donna au directeur du jury le droit d'instruire dès le commencement et ne permit plus au jury d'accusation de juger que sur pièces écrites.

C'était un retour vers le passé.

Le Code d'instruction criminelle de 1808 obéit au même esprit de réaction. L'instruction préparatoire fut nettement séparée de la définitive : à l'une on donna la lumière, l'oralité, la publicité; à l'autre l'ombre, les

(1) Faustin Hélie, t. I, p. 681.

écritures, le secret; le juge d'instruction absorba en lui toute l'instruction; ce fut un véritable inquisiteur, maître absolu de l'information, de concert avec le ministère public.

———

Ici finit le domaine de l'histoire et commence celui des législations positives.

Nous nous arrêtons donc. Nous avons suivi l'instruction criminelle à travers les siècles; nous nous sommes surtout efforcés de conserver le fil souvent bien fragile de l'instruction préparatoire, de l'instruction avant l'audience.

Dans les premiers temps, nous avons vu cette instruction faite librement par les parties; mais dès les premiers temps aussi, nous y avons remarqué l'intervention de la société; celle-ci dirige et soutient d'abord l'information au moyen de la police judiciaire et de règles générales sur la responsabilité et les devoirs de l'accusateur; puis elle intervient directement en cas de flagrant délit et de clameur publique.

Les premiers accusateurs publics sont passagers, comme les *quæstores parricidii;* bientôt ils deviennent permanents et toute une hiérarchie de fonctionnaires tels que les irénarques et les *defensores civitatum,* se forme pour soutenir les accusations.

En même temps, à mesure que les instructions se compliquent, la société crée des magistrats pour les

contrôler, examiner si toutes les garanties de l'accusation et de la défense sont observées, et renvoyer devant
le juge définitif. Ces juges de l'information sont d'abord
les juges définitifs eux-mêmes, comme les préteurs des
quæstiones et les lieutenants impériaux.

Bientôt, sous l'influence des idées germaniques, ces
deux notions du ministère public et du juge d'information se dessinent plus clairement ; le droit communal
nous montre de toutes parts les *mainteneurs de la paix,*
les uns accusateurs, comme les shérifs et les baillis, les
autres juges, comme les juges de paix et les jurés des
grands jurys.

L'inquisition naît, tout change ; l'accusateur et le juge
se confondent dans un seul homme, ou plutôt l'accusation elle-même se dédouble ; d'une part, le procureur
accuse et requiert la peine, d'autre part, le lieutenant
criminel poursuit l'accusation et informe à charge.
Bientôt ce dernier devient maître absolu du procès criminel, transformé en une longue enquête qu'il façonne à
son gré.

Quelles sont les garanties de l'accusé dans ce système ? Il n'en a plus.

Mais cette confusion des fonctions si différentes du
ministère public et du juge d'information n'est qu'un
petit côté de la question.

L'histoire nous offre un enseignement bien autrement
grave et solennel : c'est l'excellence du système accusatoire, c'est son triomphe chez tous les peuples libres ;
c'est sa décadence et son étouffement chez les peuples
esclaves. Publicité, oralité, et débat contradictoire, par-

tout où règne la liberté politique ; rien de tout cela, sous la tyrannie religieuse ou laïque. « L'arbitraire à la » place de la liberté, au lieu de la publicité, le secret, » voilà ce qu'amèneront toujours à leur suite le despo- » tisme et l'oligarchie, » nous dit Du Boys (1).

Le système accusatoire a pour ainsi dire seul régi le monde. Le système inquisitorial au contraire ne nous est apparu que par éclairs, comme une exception, chez les Égyptiens, et à la fin de l'empire romain ; écrasé par la conquête germanique, nous l'avons vu renaître au xiiie siècle dans le silence des cloîtres, y devenir l'arme terrible des passions religieuses, et se transformer enfin au xve siècle, entre les mains des rois, en instrument de domination et de tyrannie.

Alors, une à une tombèrent toutes les garanties du citoyen, la publicité des débats, la responsabilité des juges, l'oralité, la lutte contradictoire ; l'accusé devint la chose d'un juge enquêteur agissant dans l'ombre et n'eut plus désormais qu'une garantie au monde : la moralité de son juge !

La Révolution française arriva et sembla devoir rompre à jamais avec cette erreur monstrueuse de trois siècles ; il n'en fut rien. Le despotisme militaire fit ses codes à lui et les promena chez la plupart des nations de l'Europe.

Nous aussi, nous avons subi le régime des lois françaises ; après un trop long sommeil, il semble que l'esprit national se réveille aujourd'hui ; puisse-t-il

(1) Du Boys, *Droit criminel chez les peuples anciens,* p. 712.

se souvenir de son passé, admirer un peu moins tout ce qui vient de France, un peu plus ses vieilles coutumes germaniques, et se donner enfin, en instruction criminelle comme en toute chose, un régime libre et digne de lui.

DEUXIÈME PARTIE

—

LÉGISLATION POSITIVE

DEUXIÈME PARTIE

LÉGISLATION POSITIVE

CHAPITRE PREMIER

Système du Code de 1808

I. — GÉNÉRALITÉS.

Nous avons suivi l'instruction préparatoire à travers l'histoire ; nous avons vu que tous les peuples ont toujours été d'accord sur la nécessité de faire en présence d'un citoyen accusé d'une infraction quelconque, certaines recherches préliminaires ; de recueillir les éléments de preuve, de façon à guider le juge définitif dans son appréciation et à lui permettre de constater avec plus de rapidité et de certitude, l'innocence ou la culpabilité. Nous avons remarqué également, qu'unanimes sur la nécessité de cette instruction, ils ne le sont pas sur le caractère qu'elle doit avoir :

Tantôt, et cela surtout chez les peuples anciens, ils ont cru que c'était aux parties à faire elles-mêmes cette instruction en dehors de l'audience et sans contrôle, pour arriver ensuite armées de toutes pièces devant le juge définitif : *C'est le système de l'accusation privée.*

Tantôt à mesure que l'idée de l'État se développait, ils ont pensé qu'à côté des parties : accusateurs privés, la société devait avoir son accusateur à elle : le ministère public, et que de plus un juge impartial devait surveiller cette instruction préparatoire et la diriger pour le plus grand bien de la justice : *c'est le système de l'accusation publique.*

Tantôt enfin ils ont livré au juge préparatoire le soin d'accuser et de juger à la fois : ils ont en un mot concentré entre les mains d'un seul, toute l'instruction : *c'est le système inquisitorial,* c'est le système des ordonnances françaises de 1670 et du Code de 1808. Le fonctionnaire qui concentrait entre ses mains toute l'instruction était sous les ordonnances, le lieutenant criminel ; sous le Code, c'est le juge d'instruction.

Le rôle et le caractère du juge d'instruction, telle est la première question dont nous ayons à nous occuper.

L'instruction préalable, c'est, comme le disait déjà Pierre Ayrault, l'âme du procès. Elle a pour but d'en recueillir les éléments, de réunir tous les documents, tous les faits qui sont de nature à faire apprécier la prévention.

Devant le tribunal, les juges ont à peser la valeur des preuves apportées de part et d'autre ; et puisant leur conviction dans la contradiction qui s'établit entre les deux parties en présence, ils arrivent à la certitude.

Ici, rien de semblable ; aucune certitude ; le juge réunit un faisceau de présomptions ; et qu'on le remarque bien, il s'agit de présomptions défavorables au prévenu à charge duquel on informe.

Le juge d'instruction ne doit certainement pas démontrer la culpabilité du citoyen qu'on lui amène ; mais à partir du réquisitoire ou de la plainte qui saisit la justice en lui dénonçant le fait incriminé, il doit avec un zèle minutieux, avec une activité que le parquet surveille, prendre toutes les mesures, poser tous les actes, faire toutes les recherches dont les résultats peuvent donner de la vraisemblance à la culpabilité ; coordonner les soupçons, recueillir les indices, les faits, les paroles de nature à constituer des charges, en un mot donner une base à l'accusation. — « L'instruction préparatoire, dit Faustin Hélie, livre V, p. 50, se fonde sur la présomption de culpabilité de l'accusé ; elle ne l'affirme pas, *elle la suppose,* et c'est en s'appuyant sur cette hypothèse qu'elle cherche les éléments qui peuvent la changer en certitude. »

Pour arriver à ce résultat, le Code met à sa disposition transports sur les lieux, audition de témoins, visites domiciliaires, saisies et vérifications des pièces de conviction, expertises, commissions rogatoires, mandats d'arrestation, interrogatoires des inculpés.

Et ajoutons que la loi n'a pas une disposition pour

imposer un frein quelconque à la volonté du juge, et que jouissant d'une puissance sans bornes, il se prévaut en même temps d'une complète irresponsabilité (1).

Car les seules dispositions restrictives qui le concernent sont : l'article 505, C. pr. c., qui admet la prise à partie en cas de dol, fraude, concussion, déni de justice ; et les articles 77, 112, C. d'inst. crim., qui admettent aussi la prise à partie en cas de violation des formalités prescrites par la loi pour l'audition des témoins, les mandats de comparution, d'amener, d'arrêt, de dépôt.

Encore, la Cour d'appel qui statue sur les prises à partie a le pouvoir souverain de décider si chaque fait

(1) FAUSTIN HÉLIE, vol. V, p. 62. « Le principe inquisitorial qui recèle en lui-même une si grande puissance, renferme en même temps un danger, c'est l'abus facile qu'on peut en faire. Par cela seul que le juge assume tous les pouvoirs de l'instruction, il est naturellement porté à les étendre, soit parce que le but légitime qu'il veut atteindre justifie à ses yeux les moyens qu'il emploie, soit parce que le cercle de ses droits étant flexible, il les outre-passe à son insu et de bonne foi. De là la tendance incessante de cette procédure à se servir des moyens les plus acerbes ; de là les excès de pouvoirs qui prennent leur source tantôt dans les vues étroites ou passionnées de la justice humaine, tantôt dans l'incertitude qui voile la nature véritable des faits au seuil de la procédure. Notre Code, loin d'édicter quelques moyens propres à contenir ces entraînements, s'est borné à attribuer au juge une puissance à peu près illimitée. Tous les droits de l'instruction sont définis, les cas où ils peuvent être exercés ne le sont pas. Si quelques règles sont placées çà et là pour éclairer de temps en temps la conduite du juge, ces règles demeurent stériles, car elles n'ont pas de sanction. Il a suffi à la loi que ce magistrat fût armé d'un pouvoir assez grand pour atteindre tous les coupables, pour surmonter toutes les résistances, pour vaincre tous les obstacles ; elle ne s'est point inquiétée de l'excès de ses actes ; elle s'est fiée à sa sagesse et à sa modération ; elle a préféré cette prudence pratique à sa propre prudence ; elle a en quelque sorte abdiqué entre ses mains, peu soucieuse peut-être des droits qu'il pourrait fouler en passant, et plus disposée à protéger l'ordre matériel que la liberté civile. »

particulier constitue l'infraction prévue par les articles 77, 112, C. d'inst. crim., et les termes de ces articles : *s'il y a lieu*, indiquent bien que la Cour conserve une pleine liberté d'appréciation à cet égard.

De sorte qu'à la différence du droit romain qui déclarait le juge responsable du préjudice causé non-seulement par son dol, mais encore par imprudence (1), le droit moderne ne punit que le dol, ne soumet le juge d'instruction qu'à la responsabilité ordinaire de tout homme, indispensable à toute action humaine ; et pourvu qu'il ne viole pas certaines formes de procédure, pourvu qu'il ne commette pas de fraudes grossières, il peut en toute liberté user et abuser du formidable pouvoir que la loi lui confère.

Quelle est la conséquence logique de tout cela?

Oh certes, les défenseurs du Code ont à cet égard de magnifiques et faciles théories : l'instruction, disent-ils, *doit* se faire autant à décharge qu'à charge. Le juge constatera les faits sans parti pris ; il s'agit pour ainsi dire d'analyser philosophiquement les éléments d'une cause.

(1) Gaius, l. VI. *Dig. de extr. cognit.* Si judex litem suam fecerit non propice ex maleficio obligatus videtur; sed quia neque ex contractu obligatus est, et utique peccasse aliquid intelligitur, licet per imprudentiam; ideo videtur quasi ex maleficio teneri in factum actione, et in quantum de ea re æquum religioni judicantis visum fuerit, pœnam sustinebit. Voir aussi *Institutes*, l. IV, titre V, in pr. Cujas, *Comment. ad leg.* 15, *Dig. de judiciis.* Judex male judicat aut per imprudentiam aut per dolum. Cum per dolum veram æstimationem ei quem læsit præstat et infamis fit. Quod si per imprudentiam, hoc casu non est definitum ut veram litis æstimationem præstet, sed tantum quod religioni judicantis æquum videtur præstat.

Mais il n'y a rien de plus trompeur que ces dissertations idéales, et elles ont pour vice essentiel de méconnaître et de voiler complétement la réalité des choses ; c'est-à-dire l'écrasement de l'accusé par la justice sociale.

On a beau faire, on ne parviendra pas à démontrer qu'il n'y a pas là une lutte terrible et impitoyable entre un fonctionnaire puissant, irresponsable, disposant des ressources les plus multiples, ayant pour mission de formuler une accusation et d'y donner une base ; et un citoyen isolé, impuissant, complétement livré à lui-même et à qui, après lui avoir enlevé tout moyen de défense, l'on dit comme par dérision : Démontrez votre innocence si vous le pouvez !

Et cette situation ne dépend pas du caractère du juge d'instruction : elle est dans la nature même des choses. Que l'on suppose le magistrat le plus intègre, le plus intelligent, le plus consciencieux ; l'homme connaissant le mieux tous les secrets du cœur humain, faisant le plus complétement abstraction de l'individu pour ne s'occuper que de l'ensemble de la cause et pour rechercher la vérité avec calme, bienveillance, impartialité. Eh bien, pour celui-là même, les tendances de la nature humaine, les habitudes de sa profession, cette fatalité qui lui fait rencontrer tous les jours dans son cabinet des criminels cyniques ou rusés, hypocrites ou grossiers, le porteront à voir dans tout homme que l'on amène devant lui, un coupable sur lequel pèsent les plus sérieuses présomptions.

Et que l'on ne dise pas qu'en agissant ainsi il man-

querait à ses devoirs. Car c'est le rôle que la loi lui
assigne et il n'a pas d'autre conduite à tenir. Qu'est-ce
donc, en effet, que le juge d'instruction dans le Code, sinon
l'agent du parquet chargé de former l'accusation préparatoire, de même que devant la juridiction définitive le
substitut ou l'avocat général est l'agent du parquet
chargé de soutenir l'accusation définitive ! Et n'est-il
pas vrai de dire en parlant du juge d'instruction et
du ministère public, que l'un est l'agent exécutif de
l'autre ; que le second met l'action en mouvement et
que le premier prend au nom de celui-ci les mesures
pratiques qui doivent conduire au résultat désiré ?

En effet, le juge d'instruction est sous la surveillance
immédiate et continue du procureur général.

. Hors les cas de flagrant délit le juge ne peut commencer une instruction, faire un acte d'instruction quelconque sans en donner communication préalable au
procureur général (art. 61, C. d'inst. crim.) (1).

Il doit faire la même communication au procureur
général quand l'instruction est terminée (art. 61,
C. d'inst. crim.) (2).

Donc c'est toujours le procureur général qui examine en
premier lieu la valeur de la plainte ou du procès-verbal et
apprécie s'il est convenable de commencer l'instruction.

---

(1) Treilhard, *Exposé des motifs du Code*. « La première obligation
imposée au juge d'instruction, c'est de ne faire aucun acte sans communication préalable au procureur général. »

(2) Faustin Hélie, t. V, p. 152, § 318. « Les réquisitions du ministère
public doivent nécessairement intervenir à deux époques : au seuil de la
procédure, à son terme. Ce sont deux prescriptions impérieuses de la
loi. »

Certes comme officier de police judiciaire, le juge peut commencer des investigations, mais il doit porter le fait à la connaissance du procureur général qui apprécie. —Et d'autre part, quand le procureur général a requis d'informer, le juge d'instruction ne peut se soustraire à la réquisition, sous peine d'empiéter sur les fonctions de son supérieur (1). Car procureur général et juge d'instruction ont ici des attributions distinctes.

Le premier *exerce l'action publique*, conclut aux mesures qu'il croit utiles à cet exercice et les provoque ; le second *ordonne* les mesures requises par le ministère public et les fait exécuter ; il a juridiction sur l'*information* et non sur l'*action publique*.

Les auteurs se livrent à de longues discussions théoriques sur la portée de cette distinction et des rapports de subordination qu'elle fait naître :

Les uns admettent comme Treilhard, Mangin, qu'il y a là pour le ministère public un droit de direction (2)

---

(1) Faustin Hélie, t. V, § 319. « En thèse générale, le juge d'instruction saisi par un réquisitoire à fin d'informer ne peut refuser de procéder à l'information, parce qu'il n'a pas juridiction sur l'action publique. Or, déclarer qu'il n'y a pas lieu d'instruire, c'est décider qu'il n'y a pas lieu de donner suite au réquisitoire et par conséquent que l'action publique est dénuée de fondement. Il ne peut lui appartenir de prendre une telle décision. » Voir aussi les articles 61, 71, 87 Code d'inst. crim., 127 et sq. Code d'inst. crim.

(2) Mangin, *Instruction écrite*, t. I, pp. 38 et 39. « Il est évident que le droit du procureur général est un droit de direction et que ce droit ne porte pas seulement sur l'ensemble de la marche du juge, mais qu'il s'exerce sur chaque affaire dont l'instruction lui est confiée. Comprendrait-on un droit de surveillance qui va jusqu'à la faculté d'infliger au juge un avertissement, s'il n'était joint à un droit de direction qui permet de prévenir les écarts que l'avertissement est destiné à réprimer. A la

s'exerçant d'une façon complète sur l'ensemble des actes du juge, comme sur chaque acte en particulier, que les réquisitions du procureur général sont de véritables ordres, le juge d'instruction n'étant pas tenu de les exécuter sans discussion, mais ne pouvant les braver sans motif sérieux sous peine d'avertissement.

D'autres, et le premier de tous Faustin Hélie (1) donnent au juge d'instruction plus d'indépendance; comme officier de police judiciaire, il doit obéissance au procureur général; comme juge, il est plus libre, on ne peut lui prescrire la marche à suivre, ordonner la délivrance de tel ou tel mandat, blâmer tel ou tel acte d'instruction. En un mot dans ce second système, le procureur général peut *prescrire* les actes de police judiciaire, il ne peut que *requérir* les actes d'instruction. — M. Faustin Hélie reconnaît d'ailleurs lui-même que la Cour de cassation de France repousse cette manière de voir et adopte la théorie de Mangin, dans deux arrêts du 4 août 1820 et du 7 avril 1837.

Nous n'avons pas, pour notre compte, à entrer dans cette discussion théorique et à nous prononcer pour

différence des procureurs du roi qui sont tenus d'exécuter les ordres du procureur général, les juges d'instruction ont le droit de discuter ceux qu'ils reçoivent, mais s'ils les enfreignent sans de bonnes raisons, ils sont exposés à recevoir un avertissement. » — Locré, *Discussion du Conseil d'État*, 24 fructidor an XII, t. XXIV, p. 131. Opinion du ministre de la justice : « L'activité est le caractère propre du procureur général, auquel il importe d'ailleurs de donner plus de pouvoirs par rapport à l'instruction. On pourrait donc subordonner à sa surveillance le juge d'instruction, mais à l'égard des procédures criminelles seulement et en laissant d'ailleurs à ce juge toute son indépendance dans le surplus de ses fonctions. »

(1) Faustin Hélie, v. V, p. 133.

l'une ou l'autre de ces thèses ; il nous suffit d'indiquer des points qui ne sont discutés par personne et qui sont nettement déterminés et précisés par les articles du Code.

1° Sauf le flagrant délit, obligation imposée au juge d'instruction de ne commencer ni terminer une instruction, sans communiquer au préalable ses actes au procureur général et sans les réquisitions de celui-ci. (Art. 61, 127, 47, 70 C. d'instr. crim.)

2° Surveillance continue exercée pendant l'instruction par le procureur général sur le juge d'instruction. (Art. 57, 279, 280, 281, 282 C. d'instr. crim.)

Ainsi le juge d'instruction est surveillé et averti, que ce soit comme officier de police (art. 57, 279 C. d'instr. crim.), ou comme juge proprement dit (art. 280 id.), peu importe, la surveillance et l'avertissement existent.

Il travaille sous l'œil du maître, une négligence peut être constatée et punie. Le ministère public fait sentir son autorité sur lui et la fait respecter, d'abord par l'avertissement, ensuite par la dénonciation à la Cour. (281, C. d'inst. crim.)

Et quand il s'agit d'un des actes préparatoires les plus importants : la visite des lieux, la surveillance prend encore un caractère plus saillant et le procureur général accompagne le juge d'instruction (article 62 C. d'inst. crim.).

Il nous semble que dans ces conditions une discussion théorique est parfaitement inutile ; que le juge d'instruction soit entre les mains du parquet un instrument aveugle ou un agent éclairé, la question n'est pas là. Ce qui est hors de doute, c'est qu'il est sous sa dépendance et qu'il répond, vis-à-vis de lui, de ses actes, qu'il est, en un mot, son agent exécutif.

Il fait les perquisitions, les saisies, entend les témoins, statue sur tous les incidents, ordonne les arrestations, procède aux interrogatoires; prend les mesures qu'il juge utiles, requiert la force publique, sachant que ses supérieurs ont l'œil sur lui et qu'à la moindre négligence il peut être réprimandé (art. 280 C. d'instr. crim.).

Voilà sa position vis-à-vis du ministère public.

Osera-t-on soutenir qu'il conserve sa pleine liberté d'action et qu'il peut instruire une affaire sans parti pris, sans se laisser entraîner par aucun excès de zèle? Évidemment non.

Et si nous considérons maintenant ce même juge d'instruction dans ses rapports avec le prévenu, que trouvons-nous? Certes on devrait s'attendre à ce que l'équilibre fût maintenu et à ce que ce fonctionnaire si rigoureusement astreint à ses devoirs d'accusateur, eût un semblant de responsabilité vis-à-vis de la défense?

L'on sait qu'il n'en est rien et que de ce côté il ne rencontre ni contradiction, ni limite à sa puissance! Les défenseurs du Code reconnaissent qu'à cet égard la loi est absolument muette et que le juge doit trouver des règles de modération et d'impartialité dans les inspirations de sa conscience. Quelle garantie fragile et illusoire que celle-là! Et quelle rare exception que l'homme assez complétement doué pour comprendre toutes les difficultés de sa délicate mission, en apprécier les écueils et les éviter; pour se placer au-dessus des passions incessantes, et des suggestions intéressées ; pour distinguer les sentiments faux des vrais et rester impartial devant le spectacle continuel de toutes les ruses, de toutes les corruptions et de toutes les immoralités. Nous ne savons si de tels hommes se rencontrent dans la pratique, mais nous savons bien que l'expérience journalière de la perversité humaine fait disparaître bientôt dans leur esprit la croyance à l'innocence pour ne laisser subsister que la conviction de la culpabilité.

Dans la partie essentielle de l'instruction, l'audition des témoins, alors que les Anglais et les Américains ont si bien compris la nécessité qu'il y a d'accorder à l'accusé le droit de faire entendre ses témoins à lui et de combattre à armes égales, le législateur français a décidé que l'accusé ne pourrait en faire entendre directement. Le juge sera libre d'apprécier quels témoins il fera citer. Sa conscience peut lui commander d'interroger telle ou telle personne indiquée par l'accusé, mais aucun texte de loi ne l'y oblige.

Et s'il a le désir d'être juste, de respecter les droits de la défense, et de faire une information à décharge, cette pensée sera vite étouffée par les préventions accumulées dans son esprit ; et il apaisera sa conscience par cette réflexion que devant la juridiction définitive l'accusé pourra présenter sa défense en toute liberté et faire entendre tous les témoins qu'il jugera favorables à sa cause.

Seulement n'oublions pas qu'en raisonnant ainsi, il méconnaît absolument le système de la preuve dans le droit moderne, qui est le système de la *certitude mo-*

rale (1), et a pour principe : l'impression que fait naître dans la conscience humaine l'instruction judiciaire.

Et s'il est vrai que la certitude définitive ne se fera dans l'esprit du juge qu'après le débat public et contradictoire, il est constant également qu'au moment où après l'ordonnance de renvoi, le prévenu comparaît devant le tribunal, il n'y a encore dans la cause aucun élément de défense, tandis que l'instruction préparatoire a recueilli de nombreux éléments d'accusation et a défavorablement prédisposé les magistrats, si bien qu'au jour où l'accusé comparaît devant eux, il ne doit pas simplement établir son innocence, mais détruire l'impression morale déjà enracinée dans leur esprit. Et l'équilibre entre l'accusation et la défense est rompu sans retour !

Ajoutons à ces considérations que le juge est surchargé de travaux accablants ; qu'à Bruxelles pour 1,270 prévenus par an, il y a trois juges d'instruction seulement (2) !

Et puis que de formalités bureaucratiques, et combien Bonneville a raison de dire que l'instruction est paperassière (3) !

En Angleterre, le pays du bon sens pratique, l'infor-

. (1) Faustin Hélie, *Traité de l'instruction criminelle,* t. V, p. 429. — Carmignani, *Teoria delle leggi,* t. IV. — Mittermaier, *Die Lehre vom Beweise im deutschen Strafprocesse nach der Fortbildung durch Gerichtsgebrauch in Vergleichung mit den Ansichten des englischen und franzœsischen Strafverfahrens.* Darmstadt, 1834, in-8º.

(2) *L'Exposé de la situation du royaume,* t II, donne en effet, page 210, le chiffre suivant : Affaires communiquées au juge d'instruction, 1856 à 1860, pour Bruxelles : 6 351 affaires.

(3) Bonneville. *Amélioration de la loi criminelle,* p. 350.

mation va droit au but, le juge ne quitte pas la salle d'audience, son rôle se borne pour ainsi dire à écouter passivement pour rendre ensuite une sentence consciencieuse.

Chez nous, dans chaque affaire, quelque minime qu'elle soit, il rend ordonnance sur ordonnance, statue sur les incidents, prend et exécute des mesures diverses, gaspille son temps en correspondances permanentes avec ses supérieurs au parquet, ses inférieurs à la police, de sorte qu'il doit mener la procédure avec une rapidité qui ne peut qu'être nuisible au prévenu (1).

Cette situation se définit d'un mot : le sacrifice des droits de la défense à ceux de l'accusation. Faut-il s'en étonner? Les décrétales d'Innocent III et de Boniface VIII, les ordonnances de 1539 et 1670 n'ont-elles pas établi nettement la poursuite d'office, la concentration de l'action publique entre les mains d'un seul homme qui dirige à son gré les recherches ; en un mot le système le plus rigoureux de procédure inquisitoriale basé sur la présomption de culpabilité, et sur l'anéantissement de l'intérêt individuel au nom de l'intérêt social?

Le Code n'est que la reproduction de ces principes et il doit aboutir aux mêmes résultats. Le lieutenant criminel des ordonnances est aujourd'hui le juge d'instruction; dépouillé de ses attributions quant au jugement, il les conserve toutes quant aux recherches

______

(1) BONNEVILLE, *loco citato*. — FAUSTIN HÉLIE, t. V, § 318, p. 147.

préparatoires. Donc, lorsqu'il se place au point de vue exclusif de l'accusation et néglige les droits de la défense, il est dans son rôle, et ceux qui le blâment méconnaissent l'esprit du Code et des traditions, monstrueuses il est vrai, mais que le législateur n'a pas su abandonner.

Donc pas d'interprétations plus ou moins larges d'une loi qui a son histoire et sa signification ; pas de ces réformes anodines qui laissant subsister le mal dans son essence n'y apporteraient que des tempéraments illusoires, mais transformation complète et sur des bases nouvelles d'un monument de législation qui s'écroule à juste titre sous la réprobation publique !

II. — EXAMEN DE L'INSTRUCTION PRÉPARATOIRE.

Après avoir considéré d'une façon générale l'instruction préparatoire, il faut maintenant l'aborder dans ses détails et montrer combien de criants abus, de révoltantes injustices l'on rencontre à chaque pas.

Cette instruction est secrète, elle est écrite.

Elle est secrète; c'est-à-dire qu'elle se forge à huis clos, soustraite à tout contrôle de la publicité ; s'isolant elle-même et isolant le prévenu du reste du monde, de façon à ne rencontrer autour d'elle ni modérateur, ni entrave.

Elle est écrite; c'est-à-dire qu'elle reste fatalement comme une constatation formant la base de l'accusation et servant de commencement de preuve.

Comment le juge procède-t-il?

'Il est saisi d'une poursuite:

a) Par le flagrant délit, art. 59, 32 et sq. C. d'inst. crim.;

b) Par les réquisitions du procureur général (art. 47);

c) Par la dénonciation directe du plaignant (art. 63).

a) En cas de flagrant délit, il se transporte sur les lieux; dresse les procès-verbaux, et constate le corps du délit, l'état des lieux; il recueille les déclarations des personnes qui auraient été présentes au moment du fait ou auraient des renseignements à donner (art. 32).

Il empêche qu'on ne s'éloigne de la maison ou du lieu du délit. Il saisit les pièces à conviction (art. 35), et va, s'il y a lieu, faire des perquisitions au domicile du prévenu (art. 39), en sa présence ou en présence d'un fondé de pouvoir.

·S'il y a des indices graves et qu'il s'agit d'un fait entraînant une peine criminelle, il fait arrêter le pré-venu (art. 40 et sq.).

Si le prévenu est absent, il décerne contre lui un man-dat d'amener et dès qu'il a comparu le soumet à un interrogatoire (art. 40).

b) et *c*). En cas de plainte ou de dénonciation ou de réquisitions du procureur général, le juge fait citer les personnes qui ont été indiquées dans la plainte, ou par le procureur général, ou par les procès-verbaux de la police comme ayant une connaissance quelconque du ·crime, du délit ou de ses circonstances (art. 74).

Quant au prévenu, s'il ne se présente pas, le juge décerne contre lui un mandat d'amener (art. 91, ali-néa 2).

Au besoin, un agent de la force publique veille à l'exécution du mandat et conduit le prévenu (art. 99).

Ce mandat ne doit absolument contenir que le nom du prévenu, sans aucun des motifs de sa comparution (art. 95 et 96).

Puis celui-ci est soumis à un interrogatoire dont le but n'est pas précisé et qui n'est astreint à aucune restriction légale : le prévenu amené sera interrogé sur-le-champ, dit la loi. — Pas autre chose (1). (Art. 40, alinéa 4.)

Enfin aussitôt après cet interrogatoire, le juge peut convertir le mandat de comparution en mandat de dépôt ou d'arrêt (art. 91, et loi du 18 février 1852, art. 1).

Dès le premier moment de la détention, le juge peut se donner libre carrière, interdire toute communication au prisonnier, instruire à son insu ; procéder aux perquisitions, aux saisies, aux auditions de témoins, et n'avoir de relations avec lui que pour lui faire subir de nouveaux interrogatoires ou des confrontations nouvelles.

Ce n'est que le jour où son sort est décidé et où il est renvoyé devant la juridiction définitive, sous la prévention d'un crime ou d'un délit déterminé par l'ordonnance de renvoi, qu'il pourra enfin s'occuper du soin de sa défense et sortir de son isolement.

Il n'est pas étonnant qu'un mouvement général des

______

(1) FAUSTIN HÉLIE, t. V, p. 7o5 : « Le Code d'instruction criminelle, par une omission inexplicable, n'a point réglé la forme de l'interrogatoire des inculpés. »

esprits se produise contre un pareil système. On a beau invoquer les nécessités de la loi ; l'obligation qu'il y a pour elle d'être puissamment armée contre les rebelles qui violent ses dispositions ; le peu d'intérêt que méritent en général les victimes de ces mesures rigoureuses, l'injustice n'en reste pas moins l'injustice. Dans ce triomphe facile d'un parquet puissant sur un citoyen abandonné à lui-même, peu nous importe l'honorabilité ou l'indignité de ce dernier : un sentiment d'équité pratique nous permet de ne constater que l'inégalité matérielle d'une lutte impossible. Et nous verrons que ce sentiment est légitime et que des milliers d'innocents sont victimes de leur faiblesse et de l'arbitraire de la loi.

Il y a quatre vices essentiels qui dénaturent tout d'abord notre procédure criminelle préparatoire et ne peuvent échapper à personne. Ce sont :

1° L'audition secrète des témoins ;

2° L'interrogatoire du prévenu ;

3° La détention telle qu'elle est pratiquée chez nous ;

4° L'absence d'un conseil aux côtés de l'inculpé dès le début de l'instruction.

§ Ier. — AUDITION DES TÉMOINS.

L'audition des témoins est la constatation judiciaire la plus importante et (sauf les saisies, les perquisitions, les expertises) le seul moyen de preuve : c'est elle qui va guider le juge dans toutes ses recherches, et servir de base à la décision de la chambre du conseil. Pour connaître les actions des hommes, quelque vague, fragile et dangereuse que fût la preuve testimoniale, la loi n'a pas trouvé de meilleur instrument que les déclarations des témoins.

Or, la plus simple logique, la plus élémentaire équité exigeraient quand on entend l'accusateur, et ceux qu'il invoque à l'appui de sa plainte ; d'entendre également l'accusé et ceux qui, d'après lui, peuvent le disculper. On permet à l'accusateur de s'expliquer librement et sans entraves ; pourquoi refuser à l'accusé le droit de s'expliquer de même ; pourquoi ne pas lui faire connaître les charges qui pèsent sur lui et les adversaires qui les formulent ; pourquoi lui cacher ses amis et ses ennemis, ce qu'il peut espérer et ce qu'il doit craindre ; ce qu'il doit contester et ce qu'il peut admettre ; en un mot, pourquoi l'empêcher de discuter la plainte, quand on permet au plaignant de discuter les réponses de son adversaire ?

C'est là l'essence du système accusatoire ; l'*examination* en Angleterre et en Amérique est la consécration de ces principes : on y a toujours compris que la vérité ne peut jaillir que de la contradiction. Et que le combat entre celui qui accuse et celui qui se défend ne peut aboutir à un résultat que pour autant qu'il ait lieu à visage découvert et à armes égales.

Aussi, dans le système accusatoire, le prévenu a toujours pu assister à l'information ; avoir, dès le début de cette information, recours aux conseils d'un homme de loi ; interroger les témoins à charge ; faire entendre des témoins à décharge ; prendre part enfin à toute la procédure préparatoire. (Voir surtout, plus loin, *Législation anglaise*.)

Chez nous, le juge seul a le droit de faire citer des témoins ; et il les entend quand le citoyen ne sait pas encore qu'on l'accuse, ou bien quand, détenu préventivement, il ne se doute même pas des imputations que de bonne ou de mauvaise foi on articule contre lui.

Et tous les témoins qui, d'ordinaire, sont suspectés ou reprochés, les parents (dont les art. 156, 322 C. d'inst. crim. interdisent l'audition à l'audience), plaignants, dénonciateurs, parties civiles, tous peuvent être cités par le juge et déposer sans rencontrer la moindre contradiction.

Enfin, par une bizarrerie inexplicable et qui indique que les magistrats font peu de cas ou bien des renseignements apportés au juge d'instruction, ou bien du serment que prêtent ceux qui les apportent, les témoins de l'information préparatoire ne peuvent être poursuivis pour faux serment. Au moins le Code pénal (articles 215 et sq.) n'en parle pas et la jurisprudence interprète ce silence dans le sens que nous indiquons.

Dans l'esprit de la loi, il n'y a donc pas même de lien moral qui retienne les témoins à charge, les mette en garde contre leurs passions ou leurs rancunes.

Quel intérêt énorme l'accusé n'a-t-il pas à être présent à cette information si dangereuse pour lui ?

Des ennemis intéressés, des dénonciateurs calomnieux, des victimes entraînées par la colère, peuvent transformer ou exagérer la vérité, se concerter pour perdre un homme et accumuler contre lui les apparences les plus accablantes, sans qu'aucun obstacle ne soit opposé à leurs funestes desseins.

Parfois il pourrait suffire d'une question posée par un prévenu ou son avocat; d'une observation réfléchie pour substituer le fait à la passion; faire apparaître la mauvaise foi d'un ennemi, l'exagération d'une victime et changer ainsi le caractère d'une information. Un seul témoin cité par la défense et contredisant les autres peut faire triompher l'innocence ou tout au moins redresser des inexactitudes et empêcher le juge de s'égarer.

Eh bien, ici comme partout, le prévenu est impuissant; l'information est secrète. Le prévenu ne sait rien de ce que l'on a dit contre lui, et il n'a le droit d'exiger la communication des pièces que lorsque l'instruction est terminée : après l'ordonnance de renvoi, ou l'arrêt de la chambre des mises en accusation (articles 127 à 135 et 291 à 305, C. d'inst. crim.). (Arrêt de la Cour de cassation de France, 19 mai 1827.)

Ainsi la procédure lui est remise quand elle est devenue immuable; et qu'il n'y a plus qu'à s'incliner devant des décisions sans appel; puis, les procès-verbaux mêmes de l'information sont insuffisants, car ils reproduisent les paroles prononcées; mais quant à tous ces faits essentiels qui donnent à l'information son vrai caractère : l'attitude du témoin, son accent, le sentiment qui l'anime, les juges n'en ont pas même un reflet; comme tous ceux qui consultent le dossier, ils ont la lettre de la procédure préparatoire; ils n'en ont pas l'esprit.

§ II. — INTERROGATOIRE DU PRÉVENU.

Le droit criminel moderne a admis un principe rationnel : *nemo auditur perire volens;* un citoyen ne peut être tenu de s'accuser lui-même ; c'est celui qui se prétend lésé qui doit établir le fondement de sa plainte.

De là une conséquence naturelle : l'interrogatoire n'a plus de raison d'être. Cependant les législateurs français l'ont conservé avec son ancien caractère.

Déjà Muyrart de Vouglans (*Instruction criminelle,* p. 452) et Jousse disent que la loi a établi l'interrogatoire contre le prévenu et pour le bien de la justice.

Et Faustin Hélie reconnaît après eux que son but essentiel est de faciliter l'accusation, en déjouant par la promptitude des mesures prises, les ruses du prévenu et en empêchant qu'il n'ait le temps de combiner une défense habile (1).

Et l'on ne s'est pas contenté de maintenir cette mesure dans son principe ; on a tout fait pour la rendre plus pénible et plus dangereuse pour le citoyen.

(1) JOUSSE, t. II, p. 254. « L'interrogatoire doit avoir lieu à bref délai, afin que les criminels n'aient pas le temps d'inventer des moyens pour déguiser la vérité. » FAUSTIN HÉLIE, t. V, § 378, p. 710. « La règle posée par notre Code est la même que celle de l'ancien droit. L'interrogatoire, ainsi que nous l'établirons, doit avoir lieu sur-le-champ et de manière à précéder les suggestions d'une défense préméditée ; tous les délais seraient contraires à cet esprit de la loi, sauf toutefois les délais très-courts que l'inculpé invoquerait à raison de l'émotion et du trouble que son arrestation lui aurait fait éprouver. »

Le juge l'interroge en secret, il lui interdit de recourir à l'assistance d'un défenseur ; il peut l'interroger avant même de lui communiquer les charges qui pèsent sur lui (1).

Or, qu'on se représente cet homme amené devant le juge d'instruction, ne connaissant ni les motifs de son arrestation, ni ses accusateurs ; il marche vers l'inconnu et ignore si les paroles qu'il prononce le conduiront à sa perte ou à son salut.

On lui posera des questions loyales, nous le concédons ; du moins Faustin Hélie (2) le recommande-t-il ; nous voulons bien ne pas rappeler que jusqu'ici la doctrine a toujours autorisé sinon les questions insidieuses, au moins l'habileté et l'adresse ; mais enfin il ne faut pas l'oublier, d'après les hommes les plus modérés, l'interrogatoire a pour but de déjouer les ruses d'un accusé que l'on suppose habile, de l'amener à des contradictions, à des hésitations. Cela est déjà trop !

Nous connaissons la réponse de nos adversaires ! D'après eux, nous sommes en ce moment les défenseurs des causes désespérées, nous plaidons pour des malfaiteurs qui ne sont pas dignes de tant d'intérêt ; l'innocence porte le front haut et ne craint pas les investigations du parquet.

Non ! nous défendons la vérité et la justice. Ah ! certes un homme instruit, intelligent, en pleine possession de lui-même, se sentant entouré et protégé, répondra sans hésitation aux questions posées, et si le juge se trompe lui démontrera sans peine son erreur ; mais dans bien

(1) Faustin Hélie, v. V, p. 711.
(2) *Id.,* v. V, § 378.

des cas, il s'agit de malheureux, d'ignorants, qui ont été soudainement arrachés à leurs foyers, qui ont été livrés à toutes les horreurs de la prison et de l'isolement ; ils ont de la peine à s'exprimer, ils ne connaissent pas la loi, ils sont troublés par la honte, la crainte, la douleur, et ils se trouvent en présence d'un magistrat froid, sévère, plein de défiance et de soupçons, maître du langage et de ses subtilités, de la loi et de ses détours. Et l'on veut que la partie soit égale !

On a aboli la torture physique, il ne fallait pas laisser subsister la torture morale.

D'ailleurs que d'inconvénients ! Souvent pour se disculper, il suffit à l'accusé d'une réponse droite, franche, catégorique ; dans son trouble, il ne la fait pas.

Il s'étend longuement sur des points complétement oiseux ; il passe sous silence un fait à ses yeux insignifiant et qui cependant donnerait à l'instruction une direction nouvelle ou plus favorable à la défense.

La marche suivie peut être entachée de nullité, le juge peut avoir violé une formalité substantielle ; le prévenu n'en sait rien. Un homme de loi est à même de présenter des observations pour lui et empêche ainsi le parquet de continuer une procédure inutile, et viciée dans son essence.

L'isolement conduit donc à de déplorables résultats, il est funeste à la justice : le chiffre des interrogatoires suivis de détentions préventives qui aboutissent euxmêmes à l'acquittement ou à l'ordonnance de non-lieu, le prouve avec une évidence mathématique. Et il est impossible de ne pas faire remarquer l'étrange inconséquence de M. Faustin Hélie, qui tout en indiquant nettement le but et la portée de l'interrogatoire (1), dit (t. **V**, § 373, p. 699) : Il faut considérer à la fois l'interrogatoire comme un moyen de défense et un moyen d'instruction !

D'ailleurs l'interrogatoire n'est pas seulement dangereux tel que le Code l'a établi; il est illogique en lui-même.

Dans le système inquisitorial, sous l'empire des ordonnances, il avait sa raison d'être : l'aveu faisait preuve ; il fallait l'arracher par tous moyens, même la torture ; aujourd'hui l'aveu n'est plus une preuve légale, quelle peut donc être l'utilité et le but de l'interrogatoire? Il est si vrai qu'il n'en a pas, il est si vrai que ce n'est plus désormais qu'une formalité bâtarde sans caractère propre, sans précision et sans portée, qu'elle est considérée comme essentielle à toute la procédure, à peine de nullité de l'ordonnance de renvoi, et qu'elle est cependant regardée comme accomplie et suffisante dès qu'une question est posée, si même l'accusé refuse d'y répondre (2).

---

(1) « Le but de l'interrogatoire est de connaître les moyens de défense de l'inculpé ou d'obtenir son aveu. »—Faustin Hélie, t. V, § 377, p. 722.

(2) Faustin Hélie, t. V, § 375, p. 709. « L'inculpé est libre de ne pas répondre, il suffit qu'il ait été effectivement interrogé pour que la formalité soit réputée accomplie. » T. V, § 373, p. 703. « Le principe que l'interrogatoire est un moyen de défense, conduit à cette conséquence que la formalité est essentielle à la procédure préalable »

§ 3. — DÉTENTION PRÉVENTIVE.

Avec la détention préventive et la mise au secret, l'ancienne procédure inquisitoriale a triomphé tout entière : *Salus populi suprema lex* était sa devise ; aujourd'hui encore la détention et la mise au secret trouvent leur justification dans les nécessités sociales. L'intérêt individuel et l'intérêt de la justice s'étant rencontrés, le législateur n'a pas même cherché à les concilier, il a vu que l'ancien droit avait sacrifié l'individu à l'État et il a fait de même. Il reconnaît ouvertement qu'il a voulu dans certains cas rendre toute lutte impossible de la part du prévenu et accorder au juge une puissance que rien ne puisse entraver.

L'on arrive ainsi à une conséquence réellement monstrueuse : il n'y a pas encore de coupable ; l'on reconnaît bien haut que l'on n'a pas encore le droit de punir, mais on invoque un prétendu danger social, et l'on frappe un citoyen du plus terrible châtiment qui se puisse imaginer : la privation absolue de la liberté, la ruine et le déshonneur ! Et cela se fait d'une façon systématique et arbitraire, le prévenu est pris comme dans un engrenage et, jouet de la fatalité, il n'est plus maître de sa personne. En effet, la loi n'a plus ici à intervenir : nous sommes dans le domaine de la nécessité ; le saint-office torturait au nom des intérêts religieux, nous torturons au nom des intérêts sociaux.

Il suffit que le juge ait fait un commencement d'information et ait procédé à l'interrogatoire pour qu'il ait le droit d'ordonner la détention préventive et la mise au secret. Il décerne soit le mandat d'arrêt qui est encore soumis à certaines formalités (art. 91-96, C. d'inst. crim.) : conclusions du procureur général, énonciation des faits, citation de la loi ; soit le mandat de dépôt qui n'est astreint à aucune règle, de sorte qu'un citoyen peut toujours être emprisonné provisoirement, sans que le juge doive même articuler d'une façon précise une prévention quelconque.

Nous comprenons que la société attaquée use du droit de légitime défense ; mais nous ne comprenons pas qu'avant même de savoir si elle a affaire à un ennemi redoutable ou à un malheureux digne de sa pitié, elle le traite comme un animal malfaisant.

Le Code de 1808 donnait au prévenu une seule ressource, c'était, pour le cas où le fait n'entraînait qu'une peine correctionnelle, le droit de demander à la chambre du conseil, qui doit statuer sur les conclusions du procureur général, la liberté provisoire.

La statistique française montre le cas qu'il faut faire de cette garantie. En 1851, 79,590 citoyens ont été arrêtés préventivement ; 1,171 seulement ont été mis en liberté provisoire, et sur les 78,419 qui restaient en détention, 26,766, c'est-à-dire 1/3, ont été acquittés et renvoyés des poursuites (1) !

En Belgique, la loi de 1852 a tâché d'apporter une modification à d'aussi révoltants abus ; y a-t-elle réussi ?

---

(1) BONNEVILLE, *Amélioration de la loi criminelle*, p. 490.

Le Code d'instruction criminelle donnait au juge le droit absolu d'agir à sa guise ; la loi de 1852 lui donne ce droit quand il y a des circonstances graves et exceptionnelles (loi du 18 février 1852, art. 2). Or qui donc apprécie la gravité des circonstances? Le juge lui-même ! De sorte qu'en réalité son pouvoir n'a subi aucune restriction.

Et il a parfaitement su plier le texte de la loi à ce qu'il considère comme les exigences de la pratique et les nécessités de la justice.

La loi de 1852 fait encore une distinction, suivant le cas où il s'agit d'une peine infamante, ou afflictive et infamante ; mais notre nouveau Code pénal n'ayant laissé subsister que des peines criminelles et ayant aboli le caractère afflictif et infamant des pénalités, cette distinction n'a plus de portée.

Ainsi la seule modification sérieuse que la loi de 1852 ait introduite dans notre organisation judiciaire, c'est une intervention plus active de la chambre du conseil pour la détention (art. 2, 6, et sq.), et pour la mise au secret (art. 29 et sq.).

Toute la portée de la loi résidait donc dans l'interprétation qu'en feraient les chambres du conseil Or, elles se sont bien gardées de changer quelque chose à l'ancien régime ; n'ayant ordinairement sous les yeux que la requête de mise en liberté provisoire et les premières pièces du dossier, elles se fient au jugement du juge d'instruction et le confirment. La loi nouvelle leur donnait un beau rôle ; elles ne l'ont pas compris ou n'ont pas voulu le remplir. Le nombre des inculpés détenus préventivement et mis au secret n'a pas diminué.

Voici d'ailleurs les chiffres que nous donne l'*Exposé de la situation du royaume* et qui rapprochés de ceux de la statistique française que nous avons citée, nous font voir que malgré la loi de 1852, nous ne marchons sous ce rapport guère mieux que la France.

Tout d'abord, nous remarquons que sur 25,899 individus mis en prévention correctionnelle ou criminelle en 1860, année ordinaire, 2,485 ont été détenus préventivement, soit un 1/10 environ (1).

Et que sur 23,556 personnes jugées, 2,404 ou 1/11 ont subi la détention préventive (2).

C'est évidemment beaucoup trop, quand on songe au texte de la loi de 1852, qui ne permet la détention préventive que dans les circonstances graves et exceptionnelles et que l'on rapproche ce texte du grand nombre d'affaires correctionnelles de minime importance.

Mais ces chiffres deviennent bien plus navrants quand nous examinons combien de ces détenus sont acquittés ou renvoyés des poursuites.

Sur les 2,485 personnes détenues préventivement en 1860, 377 (3) sont ou acquittées ou renvoyées des poursuites, c'est-à-dire 1/6 environ des détenus sont innocents !

(1) *Exposé de la situation du royaume*, t. II, p. 234.

(2) *Ib.*, t. II, p. 231.

(3) Ces détenus se décomposent comme suit : acquittés par les assises 66, contre 175 condamnés ; par les tribunaux correctionnels 111, sur 1,933. — Renvoyés des poursuites par la chambre du conseil, 181 ; par la chambre des mises en accusation, 19 ; en tout 377 acquittés ou renvoyés sur 2,108 condamnés. *Exposé*, t II, p 234.

Que nous prouve ce chiffre formidable? Évidemment que la loi de 1852 est lettre morte et que la détention préventive est appliquée à chaque instant avec la plus coupable légèreté.

Mais combien notre surprise, notre indignation même, ne va-t-elle pas s'accroître quand nous verrons la durée de ces détentions préventives, quand nous verrons tout ce que ces 377 infortunés souffrent annuellement pour la plus grande gloire d'un système absurde d'instruction criminelle!

Voici le tableau fidèle des détentions préventives appliquées pendant une période de 5 ans, de 1856 à 1860, et groupées d'après leur durée (1). Il s'agit bien entendu des détentions préventives qui ont été suivies d'acquittements ou de condamnations à des peines pécuniaires.

INDIVIDUS RENVOYÉS DES POURSUITES.		DURÉE DE LA DÉTENTION PRÉVENTIVE.					
		Moins d'un mois.	De 1 à 2 mois.	De 2 à 3 mois.	De 3 à 6 mois.	De 6 à 9 mois.	De 9 mois à 1 an et plus.
1° Déchargés par la chambre du conseil	1068	879	111	66	12	1	
2° Acquittés par les tribunaux correctionnels. . .	741	555	147	26	12		
3° Acquittés par les cours d'appel	73	15	40	8	10		
4° Déchargés par la chambre des mises en accusation .	98	17	41	26	13	1	
5° Acquittés par la cour d'assises	337	36	50	65	152	21	11
Total.	2317	1502	389	191	199	23	11

(1) *Exposé*, t. II, pp. 235, 236

Il nous est impossible de dire exactement combien ces chiffres représentent de mois de prison ; cependant on peut essayer un calcul approximatif, en prenant pour base des chiffres tels que dans tous les cas, ils soient en dessous de la vérité.

Supposons donc que la moyenne des détentions de moins d'un mois, soit un demi-mois ; que la moyenne de celles de 1 à 2 mois, et de 2 à 3 mois, soit le *minimum*, 1 et 2 mois ; que la moyenne de celles de 3 à 6 mois, soit 4 mois ; de 6 à 9, 7 mois ; de 9 à 1 an enfin, 9 mois ; nous obtiendrons ainsi 2,578 mois de prison ; soit en nombre rond 2,500 mois ; soit annuellement 500 mois, près de 42 ans, ou de 15,000 jours de prison préventive appliqués annuellement à des innocents !

Ces chiffres ne crient-ils pas vengeance ?

Ce n'est pas tout encore ; car dans cette horrible organisation de la détention préventive, on marche de monstruosités en monstruosités.

Ces 2,317 malheureux sacrifiés pendant 5 ans à l'intérêt social ne sont pas également à plaindre ; il en est dont les souffrances ont été légères, mais il en est d'autres aussi qui en ont été rassasiés ! Plus d'un tiers, 813, ont subi plus d'un mois de prison ; 424, près d'un 9me, en ont subi plus de 3 mois, 34 enfin, plus de 6 mois, et il en est même 1 qui est resté plus d'un an en prison préventive avant son acquittement !

Cela se peut-il ? Est-il possible qu'aujourd'hui dans la pleine lumière de la civilisation, sur le territoire belge, un homme gémisse plus d'un an sous les verrous d'une prison pour être ensuite déclaré innocent !

Que dire d'une législation qui permet de pareilles choses? bien plus, qui en fait son régime normal (1)?

Que dire aussi de l'incroyable légèreté d'un parquet, qui en dépit de la loi de 1852, en dépit de l'expérience de chaque jour, continue ainsi à frapper arbitrairement des innocents?

§ 4. — DÉFENSE POUR L'ACCUSÉ D'ÊTRE ASSISTÉ D'UN CONSEIL DÈS LE DÉBUT DE L'INSTRUCTION.

Nous avons déjà indiqué en passant bien des inconvénients produits par cette interdiction et l'inégalité flagrante qu'elle établit entre l'accusation et l'accusé.

En Angleterre, en Amérique, dès que le constable a connaissance d'un délit, l'avocat a le droit de s'immiscer dans l'instruction ; il peut demander déjà à la station de police des renseignements que l'inspecteur doit lui fournir ; il accompagne le prévenu devant le juge ; et pose des questions aux témoins, donne les explications qu'il croit utiles, en un mot conduit la défense comme il l'entend.

Il est superflu de revenir encore sur l'absolue nécessité qu'il y a pour un accusé, lors des interrogatoires,

(1) Rappelons encore ici pour la honte de notre civilisation qu'au XIIIᵉ siècle, dans nos vieilles communes flamandes, l'accusé mis en détention, avait le droit de réclamer un jugement dans les trois jours, et que VAN COETSEM, dans son *Droit pénal du Brabant,* nous apprend qu'en tenant compte des délais les plus longs, le jugement ne se faisait jamais attendre plus de deux ou trois mois à partir de la poursuite.

des auditions de témoins, et en cas de détention préventive, d'avoir à ses côtés un homme connaissant la loi,
redressant les erreurs commises, discutant froidement
les charges qu'on élève contre son client, en un mot
lui venant en aide dans son trouble et son isolement.

L'utilité d'un défenseur se manifeste avec tout autant
de force quand il s'agit des perquisitions et des visites
domiciliaires.

Le juge se transporte sur les lieux avec le procureur
général et un greffier ; ils consignent leur appréciation
dans un rapport qui est un élément essentiel de preuve ;
ils font des constatations qui seront peut-être la base du
procès et qui ne pourront plus être renouvelées.

Il est vrai que le prévenu peut être présent, mais
quelle efficacité espérer de cette présence? Qui donc
tiendra compte de ses observations, de ses protes-
tations? En présence de deux adversaires qui sont
convaincus de sa culpabilité, quels moyens a-t-il de
donner à cette partie de l'instruction une tendance
favorable?

Enfin quand une expertise est ordonnée, où est encore une fois la garantie? C'est le juge qui nomme les
experts, c'est le juge seul qui a le droit d'assister à
l'expertise et de la contrôler. Le prévenu n'en connaîtra
les résultats qu'à la fin de l'instruction. Est-ce juste!
est-ce logique! Et dans tous ces cas l'assistance d'un
conseil ne s'impose-t-elle pas à tous les esprits impar-
tiaux comme une inéluctable nécessité?

Et remarquons une dernière fois, car on ne saurait
assez insister sur ce point, combien cette interdiction

est non-seulement contraire à l'équité, mais à l'esprit même du Code qui a approprié la théorie de la preuve aux idées modernes!

La science du xvie et du xviie siècle avait rigoureusement organisé cette théorie, elle avait institué la preuve légale. La certitude résultait de règles mathématiques; la mission du juge était passive et son appréciation personnelle indifférente. Une constatation raisonnée faite d'après des données positives devait nécessairement conduire à la vérité d'après la loi (1).

Nos criminalistes modernes ont compris que pour apprécier la conduite des hommes avec leurs mobiles variés et leurs passions diverses, l'instinct de la conscience est un guide plus infaillible que les prescriptions d'une sèche scolastique, et sauf pour l'adultère (art. 388, Code pénal), ils ont substitué à l'antique preuve légale, la preuve morale, c'est-à-dire : l'impression produite dans l'esprit des magistrats par les résultats de l'instruction (art. 342, Code d'instruction criminelle).

Or, en bonne justice, pour que l'impression puisse être vraie et impartiale, il faut qu'elle résulte d'une contradiction sérieuse. Dès le moment où l'accusateur recueille des preuves de culpabilité, l'accusé doit pouvoir réunir des preuves d'innocence; tandis qu'aujourd'hui l'accusateur usant et abusant des ressources multiples de la procédure a déjà formé tout un dossier à charge de l'accusé, au moment où celui-ci peut seulement commencer à s'occuper du soin de sa défense. Il n'est pas

____

(1) BIENER, *Ueber die neueren Vorschlæge zur Verbesserung des Criminalverfahren, in Deutschland.* Berlin, 1844.

un citoyen libre de ses actions qui voulût accepter des juges dans des conditions si défavorables à sa cause.

III. — GARANTIES ACCORDÉES A L'ACCUSÉ.

Nous avons montré le pouvoir illimité et discrétionnaire du juge d'instruction, ainsi que les entraves apportées au droit de la défense. Constatons en terminant, que dans les cas bien rares où la loi s'est occupée des intérêts de l'accusé, elle ne lui a accordé que des garanties illusoires.

a) D'abord il a un droit déjà admis dans les ordonnances de 1539, 1670, celui d'appeler des décisions du juge d'instruction, mais l'appel est porté devant la chambre du conseil dont le juge lui-même fait partie et celui-ci qui est tout-puissant à la chambre du conseil et en qui ses collègues ont confiance, puisqu'il est seul à connaître l'affaire qu'il instruit, doit statuer en appel sur une mesure qu'il a provoquée lui-même.

Et ce qui rend le droit d'appel encore plus étrange, c'est que l'instruction reste secrète jusqu'à l'ordonnance de renvoi, de sorte qu'au moment où elle est rendue le détenu ne connaît pas les décisions qui lui portent préjudice (1).

---

(1) Et que l'on remarque bien que non-seulement il ne connaît pas les décisions au moment où elles sont rendues, mais que souvent des mois s'écoulent jusqu'à ce que l'instruction soit terminée, et qu'il peut rester ainsi une année tout entière (on en a des exemples) dans l'ignorance des mesures qui le touchent aussi intimement !

En cas de mise en détention préventive, la loi de 1852 reconnaît également à l'accusé le droit de demander à la chambre du conseil, et en appel à la chambre des mises en accusation, sa mise en liberté provisoire.

Mais encore une fois, il est bien rare que les chambres du conseil et des mises en accusation, cassent la décision du juge d'instruction et le rejet des demandes de mise en liberté est tellement fréquent, que les avocats n'usent presque plus d'un droit si peu efficace (1).

b) Les prévenus peuvent offrir caution pour obtenir la mise en liberté provisoire.

Le juge d'instruction et la chambre du conseil apprécient souverainement si l'offre de caution est de nature à remplacer la garantie de l'emprisonnement; donc ici, comme partout, arbitraire des magistrats, dépendance du prévenu. La mise en liberté sous caution qui est la règle aux États-Unis, en Angleterre, est l'exception chez nous. Nous avons depuis longtemps oublié les belles maximes des *keuren* de Brabant et de Furnes (2).

Il est d'ailleurs un point que l'on ne peut perdre de vue : la caution n'a une signification réelle pour les

(1) Ainsi l'*Exposé de la situation générale du royaume* donne ce chiffre éloquent : En 1860, 2,485 citoyens sont arrêtés, et sur ces 2,485, il n'y en a que 185 qui ont obtenu leur mise en liberté provisoire, soit 169 sans caution et 16 sous caution; et remarquons que les arrestations ont été opérées pour des faits dont le caractère n'exigeait incontestablement pas cette mesure sévère. Ainsi pour la même année 1860, la *Statistique du royaume* constate le résultat que voici :

Arrêtés pour coups et blessures volontaires et *involontaires* . . 159
   Id.   Id vols sans circonstances aggravantes 547
Exposé général de la situation du royaume, t. II, pp. 231, 232, sq.

(2) WARNKŒNIG, l. IV, ch. III, § 32, p. 287.

magistrats que lorsqu'elle est offerte par un citoyen jouissant d'une position stable, d'un établissement solide et qu'il présente une somme assez élevée pour faire supposer qu'il préférera les chances d'une poursuite à la perte de la caution et à l'exil. Or la statistique montre qu'au contraire la plupart des détenus, ou bien ne peuvent fournir caution, ou bien sont dans une situation sociale telle que la garantie de la caution ne remplace pas aux yeux du juge la garantie de l'emprisonnement (1).

c) Le prévenu a le droit de ne pas répondre aux interrogatoires : malheureusement ce droit n'existe que théoriquement et il n'est pas entré dans nos mœurs ; si le prévenu ne répond pas, il s'accuse et l'on en tire argument contre lui.

Et puis, pour lui qui ne connaît pas l'accusation dans ses détails, et la façon dont elle est portée, qui donc lui dira que le silence est son droit et que malgré les insistances du juge, il peut y persister sans crainte !

En Angleterre et en Amérique, jamais le juge ne fera

—————

(1) En effet consultons de nouveau à cet égard la *Statistique du royaume*, t. II, p 154 nous y constatons que parmi les citoyens arrêtés pour crimes :

58 % sont sans instruction aucune,
28 % ne savent lire et écrire qu'imparfaitement,
11 % savent lire et écrire parfaitement,
3 % ont de l'instruction.

Or, si nous prenons l'hypothèse la plus modérée, si nous ne rangeons parmi les gens de condition inférieure que les deux premières catégories de citoyens, nous trouvons que sur ceux que l'on arrête, il y en a 86 % sans fortune et pour qui la mise en liberté sous caution n'est par conséquent qu'un leurre.

une question quelconque au prévenu sans lui faire remarquer qu'il a le droit absolu de ne pas répondre et que s'il parle, il le fait librement et volontairement. (Voir plus loin : *Législation d'Angleterre et d'Amérique*.)

d) Il peut adresser des mémoires à la chambre du conseil ; ces mémoires lui seraient certainement utiles s'il connaissait l'instruction à charge : il pourrait alors présenter sa défense par écrit. Mais dans les conditions actuelles et en présence d'une accusation dont il ignore les moyens, cette faculté est aussi dépourvue de sens que toutes les autres.

e) Enfin il y a dans la procédure en cour d'assises la demande en nullité que l'accusé est en droit de former dans les cinq jours (art. 296, C. d'inst. crim.) et pour les trois cas énoncés en l'article 299.

Tels sont les résultats de la procédure inquisitoriale dans notre instruction préparatoire moderne. Dans chacun de ses éléments comme dans son ensemble, elle présente les mêmes défauts :

Arbitraire du juge.

Impuissance de l'inculpé.

Lenteurs déplorables.

Rigueurs inutiles.

La société en souffre autant que l'individu : ceux qui mettent toujours en avant le salut public oublient que quand un coupable resterait impuni, la société n'est pas bouleversée, son développement ne s'arrête pas ; elle reste aussi prospère, aussi forte qu'auparavant.

.Mais qu'un innocent subisse d'injustes rigueurs et un châtiment immérité, aussitôt une irréparable erreur étant commise, la justice sociale est compromise et la confiance des citoyens en ceux qui la représentent profondément ébranlée.

Les adversaires d'une réforme commettent d'ailleurs une contradiction étrange ; si leur procédure est indispensable à la découverte de la vérité, pourquoi ne pas la conserver jusqu'au jugement définitif ; et si devant le tribunal ils la repoussent, pourquoi ce qui est injuste, inhumain, illogique à partir de l'ordonnance de renvoi, n'est-il pas illogique, inhumain, injuste avant cette ordonnance.

L'heure d'une complète réforme a sonné. Les criminalistes les plus éminents condamnent le Code de 1808. M. Faustin Hélie lui-même est obligé d'en reconnaître la faiblesse. « La rédaction négligée du Code, dit-il, man-
» que d'exactitude et de précision ; conçu pour l'expé-
» dition des affaires plus que pour la satisfaction de la
» science, on y cherche en vain des règles générales,
» des définitions, une sanction sérieuse aux disposi-
» tions libérales qui s'y trouvent. »
Et l'illustre Mittermaier dit de son côté :
» L'organisation si vantée de la procédure criminelle
» en France est un produit de ce formalisme cher aux
» Français qui réduit toute une législation à certaines
» règles matérielles et permet à celui qui dispose de la
» force de modifier au moyen de belles phrases les

» principes les plus absolus suivant les circonstances
» du moment. »

Il nous semble qu'il est plus que temps d'abandonner
enfin des traditions que les plus grands esprits criti-
quent, et de répudier une organisation qui n'est en rapport ni avec nos mœurs, ni avec notre caractère
national, pour nous inspirer exclusivement des tendances
qui guident les libres peuples du Nord!

Car il est un fait incontestable, nous l'avons déjà dit :
partout où le principe d'autorité s'est fortement implanté,
où le pouvoir a attiré à lui toutes les forces vives de la
nation ; où le peuple devenu indifférent aux affaires publiques a remis le soin de surveiller ses intérêts à l'État
aussi bien en procédure qu'en politique, le fonctionnaire
et l'administration ont pris un libre essor et la procédure inquisitoriale a triomphé.

Partout, au contraire, où le peuple a participé à la vie
publique, où il a résisté à tous les empiétements de
l'autorité et a manifesté la ferme volonté de veiller lui-
même à ses affaires, l'État n'a pu faire régner l'arbitraire ni dans le domaine politique, ni dans le domaine
de l'instruction criminelle, et le système accusatoire a
prédominé, comme la sauvegarde et le symbole de la
liberté individuelle.

Qu'on le remarque bien : quand la loi devient entre
les mains des représentants de la justice un moyen
d'oppression et leur donne le pouvoir de manifester un
zèle immodéré aux dépens de l'individu, elle se tourne
contre ceux qui en abusent, en inspirant à tous les
citoyens de la pitié pour les coupables qui deviennent

des victimes, et de la défiance contre ceux qui ont pour mission de les punir.

Il faut que tout se passe au grand jour : la responsabilité des juges doit être si bien déterminée, que la loi règle chacune de leurs démarches et qu'ils ne puissent poser aucun acte dont ils n'aient à rendre compte devant tous.

Alors chaque citoyen concourt à la découverte de la vérité et devient un auxiliaire du droit. Et quand le peuple a la conviction que le juge ne peut agir arbitrairement, il l'entoure de confiance et de respect, et la loi environnée de tout son prestige jouit de toute son efficacité.

CHAPITRE II.

Législation positive étrangère.

Quel caractère les autres peuples ont-ils donné à leur instruction criminelle préparatoire? Cette question est d'une réelle importance quand on songe que Mittermaier disait : L'instruction criminelle est la pierre de touche du droit public d'une nation.

La France à ce point de vue a eu une grande influence sur l'Europe : le Portugal, les Pays-Bas, la Belgique, l'Italie, ont suivi la doctrine française.

L'Allemagne qui possédait la législation la plus rigoureuse du continent, et dont la procédure était l'expression la plus absolue de l'ancienne procédure inquisitoriale, a compris ce que ce système avait d'odieux et de cruel, et depuis 1848 elle a accompli des réformes considérables en adoptant la procédure française.

L'île de Malte a également en 1854 accepté le Code de 1808.

Mais en regard de cette législation, dont nous avons démontré les vices, il s'est formé chez les Anglais, les Américains, une procédure admirable et parfaite, dont les plus éminents criminalistes reconnaissent la supériorité. Elle est due au développement constant et progressif du droit coutumier, à une expérience séculaire, à des traditions que les peuples du Nord, avec leur sens pratique, ont mis au service d'améliorations continues.

Nous examinerons cette législation en détail ; car c'est une réponse triomphante à opposer à ceux qui voient dans tout projet de réforme une œuvre de fantaisie, n'offrant aucune chance de réalisation pratique, et qui, lorsqu'on leur parle du système accusatoire, prétendent qu'avec un pareil système la justice criminelle ne peut plus être exercée, ni le coupable puni.

I. — ALLEMAGNE.

L'Allemagne, disons-nous, a adopté le Code d'instruction criminelle de 1808, mais le même Code a produit en Allemagne et en France des résultats différents ; et tandis que chez les Français on semble voué à l'immobilisme et que les mêmes abus entraînent éternellement les mêmes récriminations, sans disparaître, en Allemagne, au contraire, l'opinion publique a été puissante, et de 1848 à nos jours, les hommes de science, les yeux fixés sur l'Angleterre, ont marché en avant et cherché autant que possible à corriger le détestable principe d'intimidation de la loi française.

Les Allemands ont compris surtout, comme les Anglais, que le caractère de la procédure et le sort des accusés dépendaient en grande partie du caractère et de la capacité des juges, et ils ont eu soin de choisir pour ces délicates fonctions des hommes d'un mérite éminent, des savants nourris de l'étude du droit, ayant des connaissances générales de médecine légale, et se trouvant en un mot à la hauteur de toutes les difficultés.

Ils ont aussi des médecins cantonaux habiles, qui sont à même de rendre des services précieux pour la constatation des délits.

Presque tous les codes allemands suppriment l'article 113 C. d'instr. crim. sur la mise en liberté provisoire et laissent aux tribunaux le soin d'apprécier, suivant les circonstances, l'opportunité de la mise en liberté sans les astreindre aux termes de la loi.

La plupart des codes contiennent des dispositions tendant à restreindre les abus qui résultent de l'interrogatoire de l'accusé.

Ils modifient aussi l'article 319 C. d'instr. crim., en ce sens que le conseil de l'accusé peut interroger directement les témoins.

Enfin ils suppriment le rapport du ministère public

à la chambre des mises en accusation ; ce rapport est présenté par l'un des conseillers.

Voici la date des différentes réformes :

Bavière, 1848 ; Nassau, 1849 ; Wurtemberg, 1849 ; Hanovre, 1849 ; Hesse, 1848 ; Prusse, 1849 ; Bade, 1849 ; Brunswick, 1849.; Autriche, 1850 ; Brunswick, 1849 ; Saxe, 1850 ; Hanovre, 1852.

Mais si l'Allemagne, conformément aux traditions de son histoire, procède avec une sage lenteur, et tout en reconnaissant les vices du système inquisitorial ne parvient pas à abandonner d'un bond une organisation séculaire, au moins les mœurs chez elle sont en avance sur les lois ; ses universités s'inspirent aux sources mêmes de la science du droit, et les hommes éclairés qui en sortent et que le gouvernement appelle aux fonctions de juges, pénétrés du respect de l'individu, savent user de leur pouvoir avec sagesse et modération.

II. — ANGLETERRE.

Ici, nous l'avons déjà dit, il ne s'agit plus d'une conception forgée d'un seul jet pour l'application d'un système absolu, mais d'une organisation pratique introduite petit à petit à la suite d'améliorations successives ; il s'agit de coutumes consacrées par l'expérience, sorties des entrailles de la nation, répondant à son tempérament, à ses mœurs, et obtenues par le peuple de ses souverains à force d'énergie et d'indépendance. Les principes en vigueur diffèrent tellement de ce que nous sommes

. habitués à considérer comme l'organisation de la justice criminelle, que l'on se croit transporté dans un monde à part.

§ 1er. — ORGANISATION DE LA JUSTICE ANGLAISE.

Il ne sera ni inutile, ni dépourvu d'intérêt de donner tout d'abord une idée générale de l'organisation de la justice en Angleterre.

Il y a en Angleterre trois tribunaux suprêmes :

La cour *du Banc de la reine;*

La cour *des Plaids communs;*

La cour *de l'Échiquier.*

Elles siégent au palais de Westminster.

La cour du banc de la reine est le tribunal supérieur en matière civile et criminelle.

Elle est présidée par le lord-chief justice aidé de quatre juges dont les traitements sont :

Pour le lord-chief justice 200,000 francs par an.

Pour les juges   .   .   . 125,000 francs par an.

L'administration de la justice de l'Angleterre entière est ainsi censée siéger à Westminster-Hall ; représentée par les trois cours suprêmes.

Mais ce système dont les difficultés pratiques sautent aux yeux n'est qu'une fiction légale. A côté des tribunaux sédentaires il y a des *tribunaux mobiles* (1).

---

(1) L'organisation des tribunaux mobiles ne rappelle-t-elle pas singulièrement les assises provinciales des gouverneurs romains et les assises des *missi dominici*· chez les Francs. Elle a d'ailleurs un rapport direct avec les *justiciers ambulants* dont nous avons parlé dans la Ire partie.

Deux fois par an, les juges des trois cours suprêmes parcourent l'Angleterre, divisée en huit districts judiciaires. Chaque district reçoit deux juges, l'un qui préside le tribunal civil, l'autre qui ouvre et préside les assises.

La tournée terminée, ils reviennent à Londres et se joignant aux membres des trois cours réunies en conseil forment une *cour d'appel ou des erreurs* qui revise les arrêts rendus.

A côté de ces juridictions il y a des juridictions, plus locales : d'abord les *county courts,* siégeant en matière civile ; puis les *courts of quarter sessions,* siégeant en matière criminelle, mais avec une compétence restreinte à certains délits ; enfin *les courts of petty sessions,* siégeant en matière de contraventions et composées de deux juges de paix ou d'un magistrat payé.

Les juges de paix des comtés ruraux sont le pivot de la justice inférieure : ils sont ordinairement avocats ; ils doivent jouir d'un revenu de 2,500 francs, et sont nommés sur leur propre demande par le lord-lieutenant du comté.

Voici maintenant plus spécialement la marche de la procédure criminelle : un prévenu légalement arrêté est amené, dans les campagnes, devant le *judge of peace (court of petty sessions)* ; dans les villes, devant le *police magistrate (police court)* (1).

L'on procède à la *preliminary examination,* comme nous l'exposerons plus loin.

Si la culpabilité résulte de l'information, le prévenu

---

(1) Les *courts of petty sessions* dans les campagnes remplissent donc assez exactement le rôle des *police courts* dans les villes.

est suivant la nature du délit renvoyé devant *la court of quarter sessions*, ou devant *les assises*.

L'*examination* est transmise à la cour qui doit juger le coupable, et celle-ci rédige alors l'*indictment*, acte d'accusation qui contient d'une façon substantielle les faits du procès sans commentaires.

L'*indictment* passe sous les yeux *du grand jury*. Ce jury, composé de trente citoyens choisis ordinairement parmi les juges de paix et les grands propriétaires du comté, décide à la majorité de douze voix, s'il y a lieu de poursuivre. C'est *le jury d'accusation*. Après examen de l'*indictment*, le président écrit sur l'acte : *true bill*, ou *not true bill*.

S'il a décidé que les charges sont suffisantes (*true bill*), le prévenu est conduit aux assises devant le *jury de jugement ou petit jury*, qui, d'après l'expression de la loi anglaise, représente le *pays de l'accusé : which country you are*.

Le greffier lit l'*indictment*. Le président demande à l'accusé s'il plaide *coupable* ou *non coupable*, c'est-à-dire : s'il renonce ou non au droit de défense.

Si l'accusé plaide coupable, le juge prononce immédiatement.

S'il se défend, on procède aux débats contradictoires. Pendant ce débat le juge qui préside les assises conserve le rôle le plus impartial, et se borne à diriger la discussion et à la résumer ensuite aux jurés.

Cette discussion, c'est la *cross-examination* ou *information contradictoire*.

L'avocat du plaignant fait entendre les témoins à

charge que le prévenu ou son avocat interroge ensuite.

L'avocat du prévenu fait entendre les témoins à décharge que l'avocat du plaignant peut interroger également.

Les avocats plaident pour les parties en présence; le juge résume les débats et le jury rend son verdict.

Si les jurés se mettent immédiatement d'accord, ils prononcent sans quitter la salle d'audience.

S'il y a désaccord, ils entrent dans la chambre des délibérations et ne peuvent en sortir qu'avec un verdict rendu à l'unanimité.

§ 2. — CARACTÈRE DE L'INSTRUCTION PRÉALABLE DANS LA PROCÉDURE CRIMINELLE ANGLAISE.

Le Police magistrate.

Nous avons en Belgique un fonctionnaire dont toute l'activité est consacrée à préparer une accusation et à en fournir tous les éléments au parquet; puis un fonctionnaire chargé de poursuivre d'office, au nom de la société, la répression des crimes et des délits.

En Angleterre, ni juge d'instruction, ni ministère public.

Il y a des juges de police et de paix : *police magistrates, judges of peace.*

Devant ces magistrats, tout citoyen peut venir déposer une plainte; seulement c'est à lui à prouver le fondement de son accusation ; le prévenu sera en face de lui pour la discuter ; l'un et l'autre ils auront leurs avocats, leurs témoins ; et quand le débat contradictoire, oral et public jusqu'au bout, a pris fin, le magistrat de police apprécie en pleine connaissance de cause :

Ou bien il acquitte immédiatement ;

Ou bien il prononce une peine pour un délit de sa compétence ;

Ou bien il remet l'affaire pour supplément d'instruction ;

Ou bien enfin il renvoie l'affaire devant le jury d'accusation, soit en mettant le prévenu en état de détention, soit en le laissant en liberté sous caution.

Le *Police ou peace magistrate* juge donc le procès comme un juge civil ordinaire apprécie un débat civil contradictoire ; l'instruction préparatoire comme nous l'entendons est inconnue ; inconnue également est l'armée des fonctionnaires du parquet avec sa hiérarchie et ses lois.

Comme les coroners, les police magistrates, les judges of peace sont des citoyens revêtus d'un mandat temporaire.

Leur mode de nomination est d'une simplicité extrême :

Les juges des cours de Londres font leur tournée dans les districts, ils s'informent de ceux qui présentent le plus de garantie de capacité et d'honorabilité et ils demandent aussi quels sont les citoyens qui désirent ce poste, car il est honorifique et pour pouvoir le remplir il faut réunir certaines conditions matérielles d'indépendance. Ils forment ainsi une liste de propriétaires fonciers, de riches gentlemen instruits et estimés dans le pays. Quand les juges reviennent à Londres ils proposent alors les noms au choix du ministère et les nominations sont confirmées par la reine (1).

Les fonctions du juge de paix comme juge d'instruction, dit Gneist (2), dérivent du droit communal. C'était dans l'origine un devoir pour le magistrat de la commune de maintenir la paix parmi les citoyens et de poursuivre les malfaiteurs. De là résulte pour le juge de paix ces attributions d'informateur qui se sont constamment développées.

Aujourd'hui les juges d'information sont de vrais magistrats populaires (3). On les choisit à cause de leurs capacités reconnues, de leurs connaissances juridiques éprouvées, de leur intégrité constatée ; sortis de la vie privée pour remplir un poste d'honneur, dès que leur mandat est accompli ils reprennent et leur ancienne place parmi leurs concitoyens et leurs occupations antérieures.

Pendant leurs fonctions, ils ont un rôle éminemment impartial et élevé ; ils veillent à ce que le plaignant puisse librement faire sa preuve, et en même temps à ce que le prévenu puisse librement présenter sa défense. Ce rôle leur donne naturellement un immense prestige et une autorité réelle ; on sait que la sentence qui tom-

---

(1) Bowyer, *Constitutionnal law*, p. 376. Burn, *Justice of peace*, v. V, p. 1002.

(2) *Droit communal anglais*, v. II, p. 72 à 77, traduction Hippert.

(3) Bien qu'ils soient nommés par la reine, ils doivent être considérés comme des magistrats populaires. Mittermaier, *Das englische schot tische und nordamericanische Strafverfahren*, p. 48. Erlangen, 1851.

bera de leurs lèvres sera le fruit d'une appréciation consciencieuse et approfondie et l'on a confiance en eux (1).

D'ailleurs soumis à la surveillance continuelle de l'opinion publique et au contrôle incessant de la presse, ils n'oublient jamais ce vieux et magnifique principe coutumier qui est à la fois le symbole et l'honneur de la législation criminelle d'Angleterre : *The judge is the counsel of the prisoner*. Le juge est le protecteur de l'accusé.

Ils ne se bornent pas à respecter l'accusé, ils le protégent.

Autant le juge d'information anglais diffère du juge d'instruction belge, autant l'information elle-même est différente de ce que nous sommes habitués à considérer comme l'instruction préparatoire.

D'abord en Angleterre elle n'est pas une condition essentielle de la poursuite.

Le plaignant peut parfaitement s'abstenir de passer par le tribunal du police magistrate et s'adresser directement au grand jury, ou bien s'adresser au grand jury après avoir échoué devant le juge de police (2).

Une autre conséquence de cette démarcation bien tranchée entre la procédure devant le police magistrate et la procédure devant le jury, c'est que les procès-verbaux de cette première procédure ne sont pas soumis au jury.

C'est qu'ensuite quand les témoins viennent déposer

---

(1) MITTERMAIER, *Das englische schottische und nordamericanische Strafverfahren*, p. 111.

(2) MITTERMAIER, *Das englische schottische und nordamericanische Strafverfahren*, passim.

devant le jury, on ne leur rappelle pas ce qu'ils ont pu
dire dans l'information devant le tribunal de police et
qu'on ne cherche pas à les mettre en contradiction avec
eux-mêmes en leur lisant leurs dépositions antérieures.

Enfin il n'y a pas chez les Anglais de poursuite d'office;
les poursuites sont toujours intentées au nom des particuliers. Une telle organisation ne peut évidemment subsister que dans un pays énergique et viril, où chaque
citoyen prend part à la chose publique et ne se repose
pas sur l'État du soin de veiller au bien de tous.

Mais l'esprit de self-government des Anglais trouve
pour la répression des crimes deux puissants auxiliaires : d'abord la police judiciaire qui avec ses innom-
brables ressources, ses ramifications puissantes, ses
forces savamment organisées, est toujours à la disposition des citoyens (1), ensuite l'esprit d'association si vivace
dans le pays. Ce qu'un citoyen est trop faible ou trop
pauvre pour faire seul, plusieurs le font ensemble; et la
société tout entière subdivisée en petites associations
spéciales concourt à la répression et à la poursuite des
infractions (2).

Ainsi des particuliers s'associent pour la répression
des mauvais traitements infligés aux animaux; d'autres
pour la répression des abus de confiance; d'autres encore pour réprimer la mendicité, punir l'ivrognerie et
la débauche des mineurs. Les propriétaires de chevaux
se réunissent pour la poursuite des vols de chevaux. Et

______

(1) LIEBER, *Zeitschrift für Aussland,* Bd. XXI, n° 15.

(2) MITTERMAIER, *Das englische schottische und nordamericanische
Strafverfahren,* p. 78, 79.

ces sociétés de répression se multiplient et se subdivisent à l'infini.

Elles ont des caisses qui servent à payer les agents de police qui recueillent les preuves, les avocats qui dirigent l'instruction et les frais de justice; et le concours de toutes ces forces unies constitue une institution pour le moins aussi puissante que le ministère public du Code. Quelquefois aussi, à défaut de société privée, la commune ou l'État agissant dans l'intérêt public se charge de la poursuite d'un crime ou d'un délit; ils prennent alors un avocat qui dirige l'information en leur nom et c'est la caisse de la commune ou la caisse de l'État qui paye les frais faits dans l'intérêt de tous (1).

Mais dans aucun cas, qu'il s'agisse de la commune, de l'État, du comté, ou du particulier, la poursuite ne prend le caractère d'une dénonciation ou d'une plainte. Jamais la partie poursuivante ne peut se borner à avancer un fait : elle doit recueillir toutes les preuves et arriver devant le juge avec tous les éléments de l'accusation. C'est là une manière loyale et virile d'accuser et personne ne peut méconnaître la grandeur d'une pareille organisation.

§ 3. — AUDIENCES DES POLICE COURTS.

Il y a à Londres onze cours de police ; deux juges pour chaque cour. Dans la City, en vertu d'un ancien privilége,

____

(1) Consulter *First report of the commissioners on constabulary force,* p. 185.

ce sont le lord-mayor et un alderman qui remplissent ces fonctions.

Les *Police magistrates* sont en même temps les chefs de la police judiciaire; ils ont autorité sur elle et la contrôlent; mais il faut bien remarquer que quant à eux, ils ne prennent personnellement aucune mesure d'instruction. Ils jugent et ne quittent pas le siége du juge. La police judiciaire exécute; elle arrête les coupables, fait les visites domiciliaires, les saisies, les perquisitions en se faisant délivrer une ordonnance par les magistrats; en un mot elle rassemble les preuves et les apporte à l'audience(1). Les magistrats de police apprécient : ce sont des hommes âgés, expérimentés, bienveillants. D'ordinaire ils ont parcouru une longue carrière d'avocat, se sont distingués par des travaux de droit, d'éminentes qualités de citoyen et de jurisconsulte. Leur position indépendante les met à l'abri de toutes les influences.

Profondément pénétrés du respect de l'individu, compatissant à toutes les infortunes, cléments pour toutes les faiblesses, ils président avec une grande gravité et une modération qui ne se dément jamais.

Ils voient défiler devant leurs yeux tout ce que la plaie du paupérisme produit de plus méprisable; rebuts des workhouses; ivrognes incorrigibles; prostituées de bas étage; vagabonds de tous les âges; débauchés et pick-pockets; parents dénaturés; tous les êtres sans foi ni loi; et cependant leur mansuétude ne tarit pas. On leur a remis à leur entrée en fonction des instructions

(1) Mittermaier, *Das englische schottische und nordamericanische Strafverfahren*, p. 116.

écrites sur l'exercice de leur profession qui sont, non pas
de sèches formules, mais d'admirables exposés de
morale et de philosophie pratique. Ils s'en pénètrent profondément; ils savent qu'ils ne siégent pas simplement
pour appliquer des peines, mais pour moraliser ceux
qui ont besoin de leurs conseils. Et l'on ne peut se
défendre d'une légitime admiration en voyant ces petits
magistrats de district réaliser si complétement et avec
tant de dévouement et de persévérance le type du représentant de la justice : *the judge is the counsel of the
prisoner*; s'occuper de la situation morale des prévenus,
prendre à cœur l'avenir des pauvres, l'amendement des
ivrognes, leur adresser de ces recommandations mar-
quées au coin de la sagacité, qu'ils sont parfois trop
endurcis pour apprécier, mais qui font impression sur
la masse du public assistant à l'audience.

« Personne, dit Mittermaier, qui compare ces magis-
» trats aux anciens censeurs romains, n'a quitté une de
» leurs audiences sans la conviction que ces hommes
» zélés s'acquittent de leur mission avec conscience,
» qu'ils aident puissamment à la découverte de la vérité,
» à l'accroissement de la moralité publique, à l'amé-
» lioration de l'état social.

» Qu'en outre par leur gravité, leur conscience, leur
» impartialité, leur dévouement, leur loyauté, leur sens
» pratique, ils augmentent l'autorité et l'influence de la
» police et parviennent à inspirer une saine terreur aux
» méchants, une entière confiance aux gens de bien (1). »

(1) MITTERMAIER, *Das englische, schottische und nordamericanische
Strafverfahren*, pp. 120, 129. Erlangen, 1851.

Nous avons à examiner plus spécialement comment ils procèdent.

Le juge a décerné un *summon : mandat de comparution*, ou un *warrant : mandat d'arrêt*.

Le prévenu se présente volontairement ou sur les réquisitions d'un constable.

Dans tous les cas, il peut dès ce premier moment être accompagné d'un avocat.

Le plaignant arrive de son côté seul ou accompagné d'un conseil et possédant déjà, grâce aux recherches de la police, toutes les preuves nécessaires à son accusation.

Entre ces deux adversaires, le juge peut conserver ses attributions toutes passives et rester jusqu'au bout dans son rôle : il ne dirige la discussion ni dans un sens ni dans l'autre ;

Il n'a pas à recueillir par lui-même des preuves ; les parties se sont chargées de ce soin ;

Il n'a pas à citer de témoins ; ils sont entendus à la requête du plaignant et du prévenu ;

Quand l'accusé se présente, il lui demande simplement son nom et son domicile ;

Il lui demande, en outre, s'il plaide *guilty or not guilty*, coupable ou non coupable.

Si l'accusé n'avoue pas, l'*examination*, c'est-à-dire l'*information* commence :

L'accusation fait entendre ses témoins séparément et sous serment. L'accusé et son conseil sont présents ; ils peuvent poser des questions aux témoins à charge.

La défense fait entendre alors de la même façon les

témoins à décharge ; le plaignant et son avocat peuvent également les interroger.

L'audition terminée, le juge dit au prévenu : *Vous avez entendu les témoins, désirez-vous répliquer quelque chose?*

Ceci n'est pas un interrogatoire.

Le prévenu est libre de parler ou de se taire. Et par un excès de précaution que beaucoup d'écrivains anglais blâment (car il tend à inspirer de la défiance au prévenu et à ôter tout caractère de franchise à ses réponses), le juge a soin d'ajouter que s'il parle, sa déclaration pourra être invoquée contre lui lors du *trial*, c'est-à-dire lors du débat définitif s'il est renvoyé devant le *jury de jugement* (1).

Aussi, dans la plupart des cas, l'accusé se tait et se borne à demander son acquittement ou son renvoi devant le petit jury.

Alors le jury prononce la sentence; c'est-à-dire, si l'innocence est prouvée, il acquitte ; s'il s'agit d'un léger délit, il prononce la peine ; s'il s'agit d'un crime, d'un délit grave, il prononce le *comitment*, renvoi devant le jury d'accusation, en maintenant la détention ou en accordant la liberté sous caution.

Enfin si le juge trouve que l'instruction n'est pas suffisante, il remet l'affaire à une prochaine audience.

Pour tous ces détails, voir BURN, *Justice of peace. Fifth report from the commission on criminal law*, et MITTERMAIER, *Das englische, schottische und nordamericanische Strafverfahren.*

____

(1) BURN, *Justice of peace*, p. 465. *Fifth report from the commission on criminal law.*

Les audiences sont publiques. Cette publicité n'est pas inscrite formellement dans la loi, mais elle est dans les traditions et constitue un usage constant.

Excepté les témoins qui n'ont pas encore été entendus et qui attendent leur tour dans une cellule séparée, tout le monde peut assister aux audiences.

Il y a pour les journalistes une tribune spéciale.

Il n'est pas un écrivain anglais qui ne reconnaisse hautement les avantages d'une publicité, par laquelle, grâce aux débats oraux et aux journaux, le pays entier prend part à l'expédition de la justice.

L'activité en est doublée ; tout le monde constate que la vérité se fait jour plus promptement, que l'innocence est plus rapidement reconnue, que le coupable échappe plus difficilement à la peine.

On cite des exemples nombreux de citoyens honorables lisant dans les journaux les comptes rendus des audiences et arrivant de loin pour communiquer à la justice des faits importants dont ils avaient connaissance, qui étaient essentiels au procès et que l'on n'aurait jamais découverts sans eux (1).

Une ordonnance de 1848 avait restreint la publicité, mais en même temps elle en consacrait formellement le principe, car elle permettait au juge d'ordonner le huis clos seulement : *if it appears to him that the ends of justice will by best answered by so doing* (2), c'est-à-dire s'il lui paraît que le but de la justice sera mieux atteint par cette mesure.

(1) Voir *Times*, 14 octobre 1850, affaire Cresby.
(2) Loi de 1848. *Act to facilitate the performance*, art. 19.

Il paraît que les juges usent d'ailleurs très-rarement de ce droit; quand ils l'exercent par exemple pour l'audition d'un témoin, et qu'ils ordonnent un huis clos provisoire, ils ont coutume à la réouverture des portes de rendre compte sommairement au public de ce qui s'est passé.

Ainsi pour résumer, la procédure devant le police magistrate comprend :

1° *Examination*, audition des témoins, accusation et défense;

2° *Renvoi de l'affaire* en cas d'insuffisance de l'information ;

3° *Comitment*, renvoi de l'affaire au jury d'accusation ;

4° *Sentence du juge* qui acquitte ou prononce une peine.

Ce qui la caractérise, c'est :

a) L'oralité, la publicité, la contradiction entre le plaignant et le prévenu ;

b) La présence du conseil de l'accusé dès le début de l'instruction ;

c) Le droit pour l'accusé d'interroger les témoins à charge et de faire entendre ses témoins;

d) La suppression de l'interrogatoire de l'accusé ;

e) Le rôle passif du juge d'information ;

f) Le rôle actif et important de la police.

Cette procédure se rapproche de notre procédure sommaire; elle présente une énorme supériorité sur nos instructions.

I. D'abord le juge est après le débat contradictoire souverain appréciateur quant aux circonstances atténuantes et à la qualification des faits ; il tient compte de la jeunesse, de l'ivresse, etc. ; l'on ne voit pas comme chez nous des citoyens subissant une longue détention préventive pour des actes qui leur attireront devant le tribunal huit jours de prison.

Mais d'un autre côté quand les juges renvoient le prévenu devant le jury, ils n'agissent pas à la légère : voici par exemple la statistique pour l'année 1849 prise dans les rapports de la *commission of criminal law* pour la ville de Londres.

Du 1er janvier au 31 décembre 1849, 70,666 personnes ont été arrêtées à Londres et conduites devant le juge.

34,756 ont été remises en liberté ;

31,343 condamnées sommairement ;

4,643 renvoyées devant le jury et maintenues en détention ou mises en liberté sous caution.

Or sur ces 4,643, 3,643 ont été déclarées coupables (1).

Ce sont des chiffres qui peuvent donner à réfléchir, comme on le voit, à nos juges d'instruction belges.

II. Un autre avantage, c'est la rapidité des instructions; elles sont plus courtes en Angleterre et spécialement à Londres que partout ailleurs. Le sens pratique des Anglais vient ici singulièrement en aide au zèle des magistrats ; avec cette même notion exacte de la réalité des choses qui fait que le prévenu déclare immédiatement lui-même s'il plaide *guilty* or *not guilty*, le témoin

____

(1) *Criminal returns Metropolitan police*, 1849, t. VI.

a soin de ne pas perdre un temps précieux ; sa déposition est courte, nette et précise ; il sait qu'il ne doit parler que des choses constatées *de visu* ; de même que le plaignant sait qu'il ne doit se présenter devant la *police court* que s'il a le pouvoir de prouver ses allégations.

Les *Central criminal court papers*, 1850 (pp. 627, 664, 374), montrent que pour les crimes les plus graves, les instructions ont été de 5, 6, 8 jours ; il est vrai que les assises de Londres se tiennent tous les quinze jours et que les *detectives* rassemblent les preuves avec une étonnante célérité.

Pour les délits ordinaires, le prévenu connaît ordinairement son sort le jour même de sa première comparution devant le juge.

III. La liberté individuelle est puissamment garantie, et il y a ici pour elle quelque chose de plus fort que toutes les lois du monde : les mœurs publiques et les principes des hommes chargés de rendre la justice.

Ainsi quand il s'agit de priver un homme de sa liberté, c'est-à-dire de décerner *le warrant*, le juge est libre d'apprécier les circonstances ; la loi ne précise rien ; mais la statistique prouve combien peu il abuse de son pouvoir.

D'ailleurs le citoyen ne trouve pas seulement des garanties dans le caractère libéral du juge, il a pour lui :

1° Le contrôle incessant de la presse et de l'opinion publique, gardiennes vigilantes et jalouses de toutes les libertés anglaises et qui ne tolèrent pas l'arbitraire ;

2° La mise en liberté sous caution qui n'est pas comme

chez nous une exception, mais une règle générale et reste soumise à ce principe : *Excessive bail shall not be requested* (1).

3° Le principe de l'*habeas corpus* qui donne à tout citoyen arrêté, à ses parents, à ses amis, le droit d'en appeler à Londres à la Haute Cour.

Une requête est présentée à la Haute Cour ; le détenu y est aussitôt amené et les magistrats suprêmes statuent sur la détention, la supprimant ou bien accordant la mise en liberté provisoire sous caution.

Dans les comtés, les détenus peuvent aussi présenter requête aux tribunaux de comté et aux présidents d'assises (2).

§ 4. — ENQUÊTE DEVANT LE CORONER.

Pour compléter l'exposé de l'instruction préparatoire anglaise, nous devons encore parler de l'enquête devant le coroner.

(1) *Excessive bail shall not be requested.* Il ne sera pas exigé de caution excessive. Tel est le principe admis en Angleterre. (*Fifth report from the commission on criminal law*, p. 34.)

La mise en liberté provisoire sous caution a lieu même en matière de crime, toutes les fois que l'inculpé est seulement soupçonné et qu'il n'y a pas preuve acquise de sa culpabilité. BÉRENGER, *Rapport sur la répression pénale en Angleterre.* Voir aussi journal *le Droit*, 5 août 1854. — BONNEVILLE, *Amélioration de la loi criminelle*, p. 452. « En Angleterre, en Amérique, où le bon sens pratique est si remarquable, ces mises en liberté sous caution sont chaque jour accordées sans inconvénients ni mécomptes. »

(2) BURN, *Justice of peace*, v. 26, préface.

Le coroner est un fonctionnaire judiciaire de district chargé de constater les cas de mort subite ou violente et les causes de la mort.

Il apparaît en Angleterre pour la première fois sous Richard Ier (Gneist), il est alors un agent fiscal ; il perçoit des contributions et inflige des amendes ; peu à peu il devient un agent judiciaire, et c'est comme agent judiciaire que nous le retrouvons dans l'organisation actuelle.

Il est nommé par les électeurs du comté (1).

Dès qu'un cas de mort violente se produit, il est porté à la connaissance du coroner. Celui-ci réunit les jurés et ouvre une enquête, qui aboutit à un verdict sur les causes de la mort. L'enquête est publique ; le coroner et les jurés entendent les témoins, les médecins, les chimistes, ordonnent des expertises ; puis se prononcent.

Bien des fois l'enquête aboutit à la constatation de la mort par inanition, misère, asphyxie, suicide, accident.

D'autres fois le coroner déclare qu'un meurtre a été commis.

Cette dernière constatation peut se faire de deux manières :

Ou bien le meurtrier reste inconnu au jury qui constate simplement le crime ;

Ou bien le coupable est découvert.

Le coroner, dont la mission primitive consistait simplement dans la constatation du fait matériel, s'est laissé aller insensiblement à arrêter les auteurs des crimes et à

____

(1) GNEIST, *Droit communal anglais*, v. II, p. 251.

diriger des instructions contre eux devant le jury d'enquête.

Les *police magistrates* protestent contre ce qu'ils considèrent comme un empiétement sur leurs attributions, et les légistes discutent la question de savoir si les constables sont obligés de conduire les accusés devant le coroner.

Quoi qu'il en soit, le coroner continue à diriger des instructions ; il fait comparaître le prévenu, entend les témoins à charge et à décharge et le conseil du prévenu. Le jury prononce, et s'il croit à la culpabilité, le coroner ordonne comme le juge de police, le *comitment*, c'est-à-dire le renvoi devant le jury d'accusation.

On s'accorde à reconnaître que le coroner offre moins de garanties de capacité et de science que les magistrats ordinaires et qu'il dirige les débats d'une façon plus arbitraire (1).

Telle est dans ses traits généraux l'organisation de la procédure criminelle préparatoire en Angleterre. Quand on l'étudie il faut avoir soin de ne pas la détacher du milieu où elle est née ; ne pas oublier que si elle produit d'admirables résultats, c'est parce qu'elle est en rapport avec le tempérament et le caractère anglais. Elle trouve son appui et sa consécration dans le respect du citoyen pour la vérité, la loyauté instinctive qui fait qu'un Anglais considère le serment comme une chose très-sérieuse ; la vénération pour la loi que

(1) MITTERMAIER, *Englisches Strafverfahren*, p. 229. General advocat ELLIS, *huitième rapport de la commission concernant la loi criminelle*, p. 234

l'Anglais place au-dessus de tout, l'inspire dans tous ses actes et lui fait considérer comme un devoir impérieux de prêter assistance à la justice. Il faut y ajouter ce sens pratique des choses, ce tempérament froid qui l'empêche de se porter aux extrémités, de se laisser échauffer outre mesure par la passion du moment, et donne un caractère raisonné à tout ce qu'il fait. Il y a encore cette vie publique si intense, si largement développée ; cette façon d'agir au grand jour qui ne redoute pas le contrôle de l'opinion et de la presse. Il y a le caractère élevé, les éminentes capacités des magistrats inférieurs ; et enfin, et surtout, l'institution unique dans son genre de la police judiciaire.

§ 5. — POLICE JUDICIAIRE.

C'est une des institutions les plus importantes de l'Angleterre, avec des racines profondes dans le passé ; elle est toujours allée s'améliorant et se développant et aujourd'hui elle est le rouage essentiel de l'administration de la justice criminelle.

Auparavant la paroisse se cotisait pour entretenir des *watchmen*. Ces veilleurs étaient donc choisis par des particuliers et ne dépendaient pas du pouvoir. Les Anglais ont tenu avant tout à donner et à conserver à la police ce caractère ; ils ne voulaient pas en faire un instrument du gouvernement. La grande réforme constabulaire de Robert Peel qui a introduit le système des constables a eu le même but, et les constables (comme le dit Esquiros, *Revue des Deux-Mondes*, juin 1868) ne sont que des *watchmen* transformés.

La police de Londres se divise en police métropolitaine et police de la Cité. Elle est sous la surveillance des magistrats de police. L'État nomme une certaine quantité de *commissioners* qui peuvent être en même temps juges de paix ou de police. Ce sont ces *commissioners* qui nomment et destituent les constables.

Le chef de la police métropolitaine est *commissioner* et doit avoir été reçu avocat. Il a deux assistants *commissioners*. Puis vient la hiérarchie des fonctionnaires : inspecteurs, sergents et constables, correspondant aux délimitations du territoire : subdivisions, sections et *beats* (rondes). Il y a environ 8,000 constables.

Depuis le mouvement fénian, on a ajouté 1,000 constables, 100 sergents, 20 inspecteurs.

Les constables sont à la disposition de tout le monde, les différentes administrations de l'État qui ont besoin de leurs services les louent pour un prix convenu ; des sociétés particulières, administrations de chemins de fer, associations pour bals, concerts, etc., font de même.

Il faut pour ces fonctions des qualités et des connaissances spéciales, aussi les citoyens qui veulent devenir constables doivent faire un apprentissage et passer un examen ; les *commissioners* décident de leur admission.

Il est bon de noter ce fait curieux et caractéristique, rapporté par Esquiros, que lors du mouvement fénian il se forma toute une catégorie de constables volontaires, au nombre de 113,674 qui ne différaient des autres qu'en ce qu'ils ne recevaient pas de solde.

La police se trouve particulièrement dans les attributions de la secrétairerie d'État.

La force de la police, c'est la rapidité de son action et la multiplicité de ses ressources. Le constable peut arrêter immédiatement et sur la simple réquisition d'un citoyen, tout individu prévenu d'un méfait. Il le conduit à la station house où l'inspecteur écrit sur un registre la déclaration du constable. Le prévenu est alors conduit devant le magistrat de police, ou enfermé dans une cellule jusqu'au lendemain matin.

Le constable peut entrer dans la maison où un coupable s'est réfugié et s'en faire ouvrir les portes ; avec l'autorisation du magistrat il procède aux perquisitions, aux visites domiciliaires.

Il y a pour ainsi dire une convention d'assistance mutuelle entre les citoyens et la police. Ils se viennent en aide continuellement pour la recherche des preuves.

La plupart du temps, quand le plaignant se présente devant le juge, l'instruction est déjà ainsi complétement terminée ; et c'est cette organisation de la police qui seule rend possible l'application du principe que lé plaignant doit recueillir toutes ses preuves et établir lui-même son accusation quand il se présente en justice.

La rapidité avec laquelle agissent les constables est extraordinaire et s'explique par leur grande habitude et leur nombre. Leur activité est incessante ; ils ont à découvrir les coupables et les témoins ; doivent exercer une surveillance permanente sur les individus soupçonnés ; empêcher leur fuite ; ne pas perdre leurs traces ; avoir constamment l'œil ouvert, connaître les gens de mauvaise réputation ; surveiller les lieux mal famés ; en un mot, veiller continuellement à la tranquillité publique (1).

Et au milieu de ces occupations multiples, ils doivent avoir soin de ne pas commettre d'actes arbitraires, car ils sont responsables devant tous et soumis à un contrôle permanent.

Enfin, ici encore domine le principe de la publicité : La police anglaise ne peut pas agir dans l'ombre ; les inspecteurs et les superintendants qui se trouvent aux stations de police doivent donner immédiatement tous les renseignements que les avocats des parties viendraient leur demander (2).

Il n'est pas étonnant qu'une telle institution jouisse de la confiance et du respect des Anglais et fasse l'admiration des étrangers, et il nous semble impossible d'opérer une réforme quelconque sur le continent dans l'instruction criminelle, si l'on ne modifie pas complétement les bases de notre police judiciaire. C'est là une question capitale. « La police est, comme le dit M. Caillatte (3), l'institution par laquelle le gouvernement entre en contact journalier avec le peuple. C'est la chaîne qui rattache la locomotive au train. En vain une nation possède un système judiciaire excellent et une magistrature intègre, en

----

(1) Ils doivent pour ainsi dire suivre de l'œil les picks-pockets et comme exemple de la sévérité de cette surveillance, les *General regulations, instructions and orders for the government and guidance of the metropolitan police force* indiquent qu'ils doivent avertir par un signe les conducteurs quand un voleur entre dans un omnibus.

(2) *General regulations,* p. 135.

(3) *Revue des Deux-Mondes,* 15 juillet 1870, p. 308.

vain son budget s'équilibre sans emprunts et l'assiette
des impôts atteint sa perfection, en vain l'ordre le plus
complet préside à toutes les branches de son administration. Si la police est composée d'hommes sans principes, ignorants, serviles, le peuple sera opprimé et son
gouvernement dans maintes circonstances se convertira
en un instrument de tyrannie. »

§ 6. — POLICE DETECTIVE.

Nous ne pouvons terminer cet aperçu sans indiquer
d'un mot une organisation anglaise plus récente et bien
connue sous le nom de *Police detective.*

Elle est dirigée par un inspecteur en chef, trois inspecteurs et quinze sergents. Elle se compose de constables qui doués de qualités spéciales, d'une perspicacité
et d'une habileté merveilleuses, sont chargés de découvrir les malfaiteurs les plus adroits et les plus rusés,
de lutter avec eux de finesse et de stratagèmes et de les
poursuivre parfois jusque sur le continent.

Ces *detectives* sont nommés et payés par l'administration de la police ; mais il y a aussi des citoyens qui
exercent cette profession par goût ou par vocation et
qui, simples particuliers, louent leurs services à qui
veut les employer. Ce ne sont ni les moins habiles ni
les moins recherchés.

III. — ÉCOSSE.

La procédure écossaise a ceci de particulier qu'elle n'est dominée par aucun des principes que nous venons de voir fonctionner en Angleterre : elle tient au système inquisitorial.

Dans le 4me *Report of the law commissioners of Scotland* 1840, l'information préparatoire est caractérisée comme un acte qui a pour but de recueillir les preuves de culpabilité, d'en assurer les éléments et d'empêcher la fuite des coupables.

Il y a un ministère public chargé de recueillir des preuves, de rédiger l'accusation et de décider de la compétence.

L'instruction est dirigée par le ministère public ou avocat de l'accusation par-devant le shérif.

L'accusé n'a pas de défenseur et l'audience n'est pas publique.

Enfin, *l'habeas corpus* n'a pas force de loi en Écosse et l'on s'y plaint généralement de la longueur des informations (1).

Cette différence entre deux pays réunis sous la même couronne n'est pas étonnante, quand on songe que l'Écosse s'est développée d'une façon toute personnelle et indépendante, que de Robert Bruce à la reine Anne, elle a toujours revendiqué et défendu comme un glorieux

(1) Mittermaier, p. 195. Alison, p. 182.

privilége le droit de posséder ses rois, ses parlements et ses lois propres.

L'on sait d'ailleurs que les Stuarts cherchaient dans les tendances françaises et les mariages avec des princes français un appui contre l'ambition de l'Angleterre.

Plus tard quand la reine Anne fusionna les deux royaumes sous le nom de Grande-Bretagne, l'Angleterre comprit encore qu'elle devait ménager un peuple susceptible et lui laissa son autonomie légale. C'est ainsi que l'organisation criminelle écossaise a pu coexister à côté de celle de l'Angleterre sans se modeler sur elle.

IV. — ÉTATS-UNIS.

Ici avec le développement du self-government, l'expansion de la vie publique, la haine de toute administration inutile et tracassière, nous retrouvons la procédure anglaise. Seulement, les Américains l'ont encore perfectionnée, faisant passer ici dans les lois positives ce qui n'existait là que dans l'usage, profitant des leçons de l'expérience et modifiant ce qui dans la pratique présentait des inconvénients.

Les législations les plus complètes sont celles de *New-York, Pensylvanie, Massachussetts.*

Les caractères principaux de ces lois sont les suivants :

Les Américains, surtout en présence d'une police judiciaire beaucoup moins fortement organisée que la police de Londres, ont compris la nécessité d'avoir dans certains cas un fonctionnaire chargé de la poursuite des crimes. Ce fonctionnaire est l'*Attorney général*, pour la ville et pour le district, le *district Attorney*.

Mais on ne trouve rien dans l'attorney général qui le rapproche du substitut belge ou du ministère public en général ; ce n'est pas un fonctionnaire permanent, mais bien plutôt un auxiliaire qui vient en aide à l'accusation privée pour remédier aux inconvénients qu'elle présente dans certains cas et suppléer à sa faiblesse.

Il est avocat et ses fonctions d'attorney général, c'est-à-dire d'avocat officiel, ne l'empêchent pas de continuer à exercer sa profession d'avocat privé.

Les attorneys généraux peuvent toujours assister aux instructions préparatoires et y participer en ce sens qu'ils posent des questions aux témoins, et en font citer personnellement.

Mais leur présence n'est pas une condition essentielle de l'information préparatoire ; ils y assistent soit quand dans certaines affaires importantes le gouvernement exige leur concours, soit quand des citoyens viennent leur demander de poursuivre une affaire ; mais dans bien des cas, ils ne siégent que quand le grand jury a déjà admis la plainte, c'est-à-dire lors du procès définitif, et l'information préalable a lieu sans eux (1).

Quant aux audiences, elles sont comme en Angleterre

(1) Livingstone, *Introductory report*, p. 7. *Statutes of Georgia*, p. 659.

tenues par le juge de police (1). Elles sont publiques, à moins que le prévenu ne demande le huis clos (2).

Le plaignant doit prouver l'accusation et faire entendre ses témoins. Le prévenu peut faire entendre les siens. Les témoins déposent séparément et sous serment (3).

Le prévenu a le droit de donner des explications, mais jamais il n'y est tenu et son silence ne peut être interprété contre lui (4). Il a le droit d'être assisté d'un défenseur dès le début de l'instruction; s'il se présente seul, le juge (5) lui fait observer quel est son droit, et lui donne le temps de se procurer un avocat. Comme en Angleterre, le prévenu et son avocat peuvent poser des questions aux témoins à charge.

Si après l'information, la *cross examination*, le juge ne s'est pas formé une conviction, il fait remettre l'affaire; mais la loi de presque tous les comtés, tenant compte des intérêts du prévenu, soumet cette faculté à des restrictions précises. Ainsi la loi de New-York ne permet au juge de remettre l'affaire à une prochaine audience que s'il y a des motifs sérieux; la remise ne peut excéder deux jours ni être renouvelée plus de six fois (6).

En ce qui concerne la prononciation de la sentence,

(1) Massachussets. Loi du 6 mars 1850.

(2) Code de New-York de 1850, art. 202.

(3) Davis, *A Treatise on criminal law,* p. 410. Harbour, *The magistrates criminal law,* p. 489.

(4) Davis, *locis citatis,* p. 411. Harbour, *locis citatis,* p. 487.

(5) *Revised statutes of Massachussets,* p. 753. *Penal Code of Rhode-Island,* 9e chapitre. *Code of Virginia,* p. 762.

(6) Code de New-York, art. 190.

il n'y a pas entre les lois américaines et les lois anglaises de sensible différence (1).

Mais où la loi des États-Unis acquiert plus de précision encore et sauvegarde mieux que la loi anglaise les droits de l'accusé, c'est quand il s'agit de garantir la liberté individuelle.

1° D'abord le juge ne peut décerner un mandat d'arrestation s'il n'a pas de sérieux motifs de croire qu'un crime déterminé a été commis par une personne déterminée (2).

2° De même quand il s'agit d'une visite domiciliaire, il ne peut l'ordonner qu'en donnant une indication bien déterminée du but de cette visite. Il en est également ainsi pour la saisie des pièces (3).

3° La liberté sous caution peut être accordée toujours, quel que soit le fait de la prévention ; s'il ne s'agit pas d'un crime capital, le juge est absolument compétent pour l'accorder ; s'il s'agit d'un crime capital et dans tous les cas possibles, le tribunal supérieur a constamment le droit d'accorder la mise en liberté sous caution (4).

4° L'*habeas corpus* est en vigueur comme en Angleterre ; le citoyen arrêté peut en appeler non-seulement à la cour suprême, mais au tribunal local (5).

Le constable ne peut arrêter un citoyen sans mandat

(1) Davis, 413 ; Harbour, 480, *locis citatis.*

(2) Davis, p. 393 ; Harbour, p. 456 ; *Revised statutes of Massachussets,* p. 751 ; Code de New-York, art. 148 à 181.

(3) *Code of New-York,* 1850, art. 861 à 863. *Code of Virginia,* cap. 203. *Revised statutes of Massachussets,* p. 774.

(4) *Code of New-York,* art. 285 à 290.

(5) Davis, *A Treatise on criminal law,* p. 417. Story, *Commentary III,* p. 706. *Code of Virginia,* p 613.

d'amener ou d'arrêt, que s'il y a flagrant délit (1).

D'ailleurs en cas de flagrant délit, tout Américain a, en vertu des lois, le droit d'arrêter le malfaiteur qui est pris sur le fait (2).

Telle est, en résumé, la législation des États-Unis; c'est le système anglais transporté au xvie siècle par les persécutés protestants d'Angleterre dans leur nouvelle patrie; seulement il y a pris des racines profondes et s'est développé sur cette terre de liberté et d'individualisme, avec une vigueur qui surtout depuis la déclaration d'indépendance n'a jamais été contrariée par une forme politique quelconque de gouvernement, de sorte que le système accusatoire a pu y arriver à un complet épanouissement (3).

Les Américains ont poussé tellement loin leur esprit d'indépendance, la haine salutaire de ce qui de loin ou de près ressemble au fonctionnarisme et à la réglementation, qu'ils n'ont pas voulu établir chez eux une organisation de police semblable à l'organisation de Robert Peel. Et nous avons vu qu'ils ont ainsi été amenés à créer une espèce d'*accusation publique* qui nous paraît supérieure à l'accusation privée.

Nous sommes heureux, en terminant ce court aperçu,

(1) Livingstone, *Code*, p. 24.

(2) *Code of New-York*, art. 181.

(3) D'après Gervinus, *Geschichte des neunzehnten Jahrhunderts*, Leipzig, 1853 (*Einleitung*, page 93), la pureté et la simplicité de la législation américaine résultent de ce que les puritains d'Angleterre ont introduit dans leur pays d'adoption des principes clairs et logiques qui étaient dans leur esprit et qu'ils ont pu développer suivant l'instinct de la nature, sans se heurter à des préjugés constitutionnels ou à des obstacles politiques.

et pour indiquer les résultats obtenus par ces lois libérales, de pouvoir citer les paroles victorieuses et déci-
sives pour le système accusatoire, d'un homme qui à
profondément étudié le pays où il a vécu, Tocqueville :
« Je doute, dit-il, que dans aucun pays le crime échappe
aussi rarement à la peine (1). »

V. — RUSSIE.

En parlant de législation positive, nous avons eu en
vue d'étudier dans leurs types les plus complets, les
deux systèmes d'information préparatoire qui se parta-
gent le monde civilisé, et non pas la législation de chaque pays en particulier. Cette étude aurait été trop
longue et n'eût pas présenté un grand intérêt pour le
lecteur, attendu que les différents codes européens, avec
quelques différences de détail, se rattachent tous plus
ou moins intimement soit au Code de 1808, soit au
droit anglais.

Il est cependant une race dont nous aurions aimé
faire une étude spéciale, parce qu'elle joue un rôle à
part dans l'histoire, parce qu'elle a conservé jusqu'à nos
jours une organisation propre basée sur l'aggrégation
de communautés s'administrant elles-mêmes ; nous voulons parler de la race slave et de son représentant officiel en Europe : le peuple russe.

Malheureusement les documents sur la Russie nous

(1) Tocqueville, *De la démocratie en Amérique,* vol. I, p. 134.

font défaut ; les revues allemandes et les auteurs allemands où nous aurions pu puiser, ne sont que trop rares en Belgique, et quant aux écrivains français, on ne peut leur demander de renseignements authentiques : ils se sont plu comme d'ordinaire à faire non pas de la science, mais de la polémique, et ils ont représenté les Russes comme une horde de barbares où la justice est la chose du plus offrant, où les avocats et les scribes servent d'entremetteurs entre les juges et les parties et où la police, vénale comme la justice, ne se compose que d'espions et d'inquisiteurs tyranniques (1).

Nous n'avons pas l'intention pour le moment de nous faire juges de ces appréciations ; tout ce que nous pouvons dire, c'est que jusqu'en 1866, époque de la réforme judiciaire russe, l'information préparatoire était soumise au principe du secret le plus absolu et que le droit de défense n'y était pas reconnu à l'accusé (2).

Il faut cependant remarquer que dans les districts ou *volostes*, réunion des communes rurales, il y a pour les délits légers une procédure plus large :

Les *starostes*, délégués élus par les communes du même district, forment l'assemblée de la *voloste*, qui choisit son doyen ou *starchina*.

Le *starchina* remplit le rôle de ministère public ; il recherche et détient les coupables ; il les traduit devant les *starostes* et avec l'assistance de ces derniers, il juge

(1) Voir L. Leouzon-Leduc, *La Russie contemporaine,* p. 170 *et passim,* 1854, Paris.

(2) Ivan Golovine, *La Russie sous Nicolas I*er, p. 44 *et passim.*

en dernier ressort les délits de police (1). La procédure
est orale.

Ainsi l'accusé jouit de cette double garantie :

1° Oralité;

2° Droit d'être jugé par les hommes qu'il a nommés
dans sa commune.

Au-dessus de cette *juridiction communale,* vient la
juridiction de chef-lieu; chaque chef-lieu possède une
cour supérieure de justice comprenant une section criminelle.

Enfin, au-dessus encore, il y a le *sénat* qui remplit le
rôle d'une cour de cassation (2).

La réforme de 1866 a eu pour but de donner à cette
organisation judiciaire plus d'unité, et tout en s'inspirant aux sources nationales elle a tenu compte des
codes de 1808.

La police est très-puissamment organisée en Russie;
il y a une *police politique* et une *police municipale,* sous
la direction du ministère de la police.

La *police politique* est évidemment un fléau dont
nous ne pouvons dans nos pays déjà équilibrés comprendre la nécessité; mais cette police a au moins le
mérite d'être elle-même, et de ne se confondre avec
aucune branche de l'administration.

Quant à la *police municipale,* elle a, à son tour, des
attributions bien distinctes, et grâce à sa force, à sa
discipline, elle jouit, après la police de Londres, d'une
légitime réputation.

(1) Maurice Bloch, *Dictionnaire politique,* 1867, p. 860.
(2) *Id., ibid.,* 1867, p. 860 et sq.

La police municipale de Saint-Pétersbourg possède à sa tête *un surintendant, un lieutenant général,* et 11 *maîtres de police,* pour les 11 arrondissements de la ville. Il y a en outre cinq officiers de paix appelés *quartals* ou aussi *tschastnoi pristoff.* Tous ces agents supérieurs ont sous leurs ordres 6,000 agents de police ; ils veillent au maintien de l'ordre public, de la tranquillité, de la propreté, de la salubrité ; et remplissent leur mission de façon à mériter l'admiration générale. L'ordre et la propreté des différents quartiers de Saint-Pétersbourg sont célébrés par tous les voyageurs.

TROISIÈME PARTIE

RÉFORMES

DANS L'INSTRUCTION CRIMINELLE PRÉPARATOIRE

RÉFORMES

DANS L'INSTRUCTION CRIMINELLE PRÉPARATOIRE

GÉNÉRALITÉS.

Nous avons suivi la procédure préparatoire à travers l'histoire, nous l'avons vue se développant avec des caractères divers chez les principaux peuples; nous avons critiqué les vices essentiels du système que nous subissons; nous avons à exposer maintenant les réformes que nous croyons utile d'introduire dans l'organisation de la procédure préparatoire.

Il n'est pas dans ces questions de meilleurs guides que l'histoire et la législation comparée, et nous pensons qu'il n'est personne qui, mettant en regard de ce qui s'est fait chez nous, les lois étrangères, niera que nous ayons obéi à des tendances funestes et que des réformes radicales soient devenues indispensables.

Loin de nous la pensée de vouloir transplanter en bloc dans notre pays une organisation exotique ; les peuples ont leurs conditions d'existence comme les individus, et ce qui convient aux uns peut ne pas convenir aux autres. Ainsi le système de l'accusation privée ne se comprend et ne peut se développer que dans le milieu où il est né : l'Angleterre ; mais à côté de ces questions accessoires, il y a de grands principes de justice qui doivent dominer partout ; or, ce sont quelques-uns de ces principes que le Code de 1808 a méconnus et qu'il est cependant, croyons-nous, facile de réaliser en tenant compte de toutes les exigences sociales.

Quand la société agit dans la plénitude de son droit, il y a deux choses dont elle n'a rien à redouter, tout à attendre : la publicité, la contradiction. Nous avons compris que les ténèbres et l'arbitraire sont la négation de la justice quand il s'agit de la procédure définitive, nous l'avons méconnu pour la procédure préparatoire. L'instruction a été jusqu'à présent une terrible machine de guerre fonctionnant dans l'intérêt exclusif de l'État ; elle donnait à un homme agissant sans contrôle ni limite, à la fois juge, accusateur et officier de police, le pouvoir de démontrer la culpabilité d'un citoyen livré à ses propres ressources.

Que doit-elle être désormais ?

I. Il faut d'abord qu'elle soit une information contradictoire, orale, publique.

a) Elle sera contradictoire, c'est-à-dire que deux intérêts, celui de l'accusation et celui de la défense, se trouveront en opposition devant un magistrat qui aura pour mission de les respecter l'un et l'autre, et de se prononcer ensuite impartialement sur leur valeur.

b) Elle sera orale. En effet, avec le système de la preuve morale, résultant de la conviction apportée par les débats dans l'esprit du juge, toutes les paperasseries et les écritures sont parfaitement inutiles. A quoi bon noter les dépositions des témoins, alors qu'on les reçoit à titre de renseignements pour éclairer le juge?

Le projet du·nouveau Code de procédure civile tend le plus possible à la suppression des écritures super-flues; il se rapproche de la procédure typique, c'est-à-dire de la procédure sommaire devant les juges de paix et des enquêtes sommaires, où, certes, personne ne con-testera que l'on ne jouisse de ces deux avantages : rapi-dité et certitude.

Pourquoi ce qui est vrai en matière d'enquête civile ne le serait-il pas en matière d'enquête criminelle?

Nous devons obéir aux leçons de l'expérience et tendre à une procédure d'information sommaire.

Toutefois, il ne faut pas qu'un système trop absolu vienne nuire aux intérêts en présence. Si le ministère public ou l'accusé demande acte d'une déposition ou d'un incident quelconque, le greffier sera tenu de se conformer à ces réquisitions, sur l'avis du juge.

De même, si l'un ou l'autre des adversaires dépose des conclusions, elles seront jointes au dossier.

c) Elle sera publique. L'accusation se formule sous les yeux de tous; du moment qu'un citoyen est accusé, aussi bien devant un tribunal préparatoire que devant un tribunal définitif, il est bon que la lumière se fasse.

Il est utile également que la presse puisse rendre compte des débats ; le contrôle de l'opinion publique est la meilleure des garanties contre l'arbitraire ou les excès de pouvoir.

Si toutefois la publicité offre des dangers pour les mœurs, le juge peut ordonner un huis clos provisoire.

II. Il faut que la défense soit libre et égale à l'accusation ; quand la loi met une arme entre les mains de l'accusation, elle doit, si elle ne veut audacieusement braver l'équité, mettre une arme égale aux mains de la défense.

III. Il faut que chacun des rouages de cette organisation ait une fonction et un but bien déterminés ;

Que le magistrat accusateur n'ait qu'une mission : recueillir les éléments de culpabilité sans avoir à émettre de décision ;

Que le défenseur de l'accusé puisse en pleine liberté organiser les moyens de défense ;

Que le juge de l'information soit un juge dans la vraie acception du terme et n'ait pas à sortir du rôle que la logique des choses lui impose ;

Que la police judiciaire à son tour, réorganisée sur de fortes bases, n'ait absolument pour mission que la recherche des contraventions, des délits et des crimes. Elle doit en recueillir les traces et les transmettre aux magistrats accusateurs.

Ainsi chaque partie de l'organisme ayant un caractère conforme à son essence et à sa destination, se meut librement et régulièrement et concourt à la juste application de la loi sous le contrôle de tous.

Cette réforme est-elle difficile à accomplir?

Le vice du Code de 1808, on ne peut assez le répéter, c'est le manque d'unité et d'harmonie. Dans l'enceinte du temple, le législateur a admis tout le magnifique appareil de la procédure accusatoire : liberté, publicité, contradiction; tandis que les marches qui y conduisent sont enveloppées de ténèbres et que tout y est plongé dans le secret et l'arbitraire de la procédure inquisitoriale.

Il y avait cependant dans le Code de 1808 une institution qu'on aurait pu prendre pour pivot de l'organisation criminelle, une institution qui, revêtue d'un grand caractère d'unité et de simplicité, contient en germe l'ensemble de la procédure préalable accusatoire et en réalise pour ainsi dire le type.

C'est le tribunal de police (139 et sq. C. d'instr. criminelle).

En effet, les parties s'y présentent devant un juge alors qu'il n'y a encore d'autre instruction préalable que les constatations de la police, et l'information a lieu à l'audience.

Elle est publique (art. 153), elle est contradictoire;

Le ministère public y fait l'instruction à charge (art. 153);

Le prévenu y fait l'instruction à décharge (art. 153);

Et le juge de police prononce (art. 153).

Or, c'est là précisément le système accusatoire. C'est le système que nous retrouvons en Angleterre, où le juge de paix ou de police est la pierre angulaire de l'organisation criminelle, procède à toutes les informations, qu'il s'agisse de vagabondage et d'ivrognerie ou des crimes les plus épouvantables.

Que l'on étende donc par hypothèse le principe de l'article 153, C. d'instr. crim., à tous les cas d'infractions à la loi; qu'on prenne le tribunal de police pour modèle du tribunal d'information; qu'au lieu du juge de paix on suppose un juge d'information et au lieu du commissaire de police le substitut du procureur du roi, et le système accusatoire est réalisé.

Devant un tribunal d'information constitué dans cet ordre d'idées, l'accusé se présente en audience publique.

Le ministère public instruit à charge; il prend toutes les mesures qu'il croit nécessaires; il fait entendre les témoins à charge.

L'accusé instruit à décharge; il est assisté d'un défenseur; il fait entendre les témoins à décharge. La loi lui donne toutes les garanties possibles contre des actes arbitraires, et protége sa liberté contre des atteintes inutiles ou injustes.

La police judiciaire enfin prête son assistance au ministère public; elle exécute la partie matérielle de l'instruction; elle rassemble les traces de l'infraction et les éléments de preuve pour les transmettre au parquet.

Nous allons développer successivement chacun de ces points.

CHAPITRE I.

Juge d'information.

I. — CE QUE DOIT ÊTRE LE JUGE D'INFORMATION.

Quand on jette un regard sur le développement de la procédure inquisitoriale, on est frappé d'un fait : le magistrat chargé d'apprécier au seuil du tribunal définitif si l'accusation a un fondement, a tous les pouvoirs et toutes les attributions, sauf les attributions et les pouvoirs d'un juge véritable. Il est l'agent de l'accusation qui met en mouvement l'action publique et donne les ordres nécessaires pour découvrir les traces de la culpabilité (art. 57, 59, 60, 61, 63, 64, C. d'inst. crim.).

Il est le fonctionnaire de police judiciaire qui rassemble personnellement les preuves de l'infraction (59, 32, 33, 34, 35, 36, 87, 88, arr. du 30 juillet 1845).

Et ce n'est qu'après avoir accompli une mission qui enlève évidemment au prévenu toute garantie d'impartialité, qu'il apprécie les faits et adresse un rapport à la chambre du conseil.

Il est réellement inconcevable que M. Faustin Hélie puisse s'attacher à démontrer que le juge d'instruction saura remplir les devoirs d'un informateur impartial. Où donc a-t-on jamais vu le même homme être à la fois accusateur et juge !

Il faut nécessairement dégager le juge d'instruction de ses attributions contradictoires, le soustraire à la surveillance de l'article 57, C. d'inst. crim., contraire à son caractère; lui enlever les pouvoirs des articles 59, 32 et sq., en cas de flagrant délit; et faire de lui ce qu'en font le droit anglais et le droit américain, un juge de l'information, c'est-à-dire le juge d'un procès entre deux parties; d'une part le ministère public et ses moyens d'accusation, de l'autre l'accusé et ses moyens de défense.

Il assiste à ce procès et se fait une conviction d'après les résultats des débats : il a désormais le rôle et le caractère qui conviennent à un magistrat chargé de décider de si graves intérêts : il est indépendant et du ministère public et de la défense; il n'a pas à recueillir les preuves de culpabilité, c'est le rôle de l'accusation; ou les preuves d'innocence, c'est le propre de la défense. Ces éléments on les recueille pour lui, on les apporte à l'audience, et lui, après les avoir appréciés, décide dans la plénitude de sa liberté.

Jusque-là, son rôle se borne à sauvegarder tous les droits, à veiller à ce que la preuve soit complète et libre de part et d'autre. Il dirige le procès; il écarte les renseignements qui lui paraissent inutiles; il demande les éclaircissements dont il a besoin ; et enfin, il prononce.

Il réunit désormais toutes les conditions nécessaires pour accomplir cette mission avec lenteur, modération et maturité; il n'a plus à quitter son siége de magistrat, ni la salle des audiences. Il n'a plus à s'occuper des mesures d'instruction, qu'il s'agisse ou non de flagrant délit ; il ne fait plus les visites des lieux, les expertises, les perquisitions, les saisies. Qu'y a-t-il de commun entre le juge et l'agent subalterne, qui descend dans la rue pour accomplir tel ou tel acte matériel de l'instruction ; et n'est-ce pas méconnaître d'une étrange façon le caractère et la majesté du magistrat que de le ranger parmi les officiers de police judiciaire ?

Il conserve une des attributions du juge d'instruction du Code, c'est-à-dire le droit d'ordonner la détention préventive et la mise au secret. Mais ce n'est plus une mesure d'instruction arbitraire, c'est une décision prise à l'audience en présence des parties. Nous y reviendrons plus loin.

Il a de même le droit de décider après débat contradictoire entre le ministère public et la défense, si oui ou non le ministère public fera une visite domiciliaire.

C'est à lui enfin à décider, après débat contradictoire, quelles seront les pièces saisies, soit chez le prévenu, soit chez les tiers, que le ministère public pourra consulter et garder par devers lui.

Il n'est pas à méconnaître que la mission du juge d'instruction est délicate et difficile ; il doit prendre des résolutions graves et qui peuvent avoir des conséquences redoutables ; aussi ne saurait-on exiger de ceux que l'on appelle à ces fonctions trop de garanties de capacité, de fermeté et d'indépendance ; des connaissances trop étendues de la loi et du cœur humain. Il leur faut un coup d'œil sûr, un esprit droit, délié et rapide, qui permette de prendre toujours avec promptitude la résolution la plus convenable. A de telles fonctions, il faut des hommes éminents et jouissant d'une position indépendante.

« Les intérêts les plus précieux des citoyens sont entre leurs mains, dit Faustin Hélie (vol. V, p. 123, 124). Un acte commis par imprudence ou légèreté, tel qu'une visite domiciliaire, une arrestation hors des cas prévus par la loi, peut avoir les conséquences les plus funestes non-seulement pour celui qui en est l'objet, mais pour toute sa famille. Il n'y a pas de contre-poids. »

Et page 221, il ajoute : « Il est certain que l'instruction d'un procès criminel est une tâche délicate et laborieuse qui exige dans le juge les plus hautes qualités de l'intelligence : comment peut-il arriver à la vérité, s'il n'est pas doué de qualités exceptionnelles, s'il n'a pas acquis par l'étude de la philosophie, la connaissance de l'homme, la science de ses passions, de ses faiblesses et de ses entraînements ; s'il ne sait les causes des actions, les liens qui enchaînent les fautes, etc... » Et Faustin Hélie cite les paroles de Jousse qui dit : « Ces choses sont d'une telle importance qu'elles ne » devraient être confiées qu'aux magistrats les plus » intègres et les plus éclairés. »

Ces paroles sont très-vraies, seulement on en cherche en vain dans Faustin Hélie, la conséquence logique : il semble en effet que pour tous ceux qui ont conscience de l'importance des fonctions dont nous parlons, la position actuelle du juge d'instruction ne peut rester ce qu'elle est. Pourtant Faustin Hélie ne signale même pas la question.

En Angleterre, nous l'avons vu, on choisit dans les campagnes, des propriétaires fonciers ayant vécu longtemps au milieu des populations qu'ils ont à juger et possesseurs d'une fortune plus ou moins considérable (1).

Dans les grandes villes anglaises, on prend des savants, des avocats éminents qui sont arrivés à la célébrité et à la richesse, et qui reçoivent néanmoins un traitement ne laissant rien à désirer (2). Pour la seule ville de Londres, il y a vingt-deux de ces magistrats.

Nous avons à Bruxelles trois juges d'instruction absorbés dans des occupations multiples et recevant un traitement de 4,500 à 5,500 francs par an.

Cette situation est incontestablement insuffisante : les limites du personnel de l'instruction ; la diversité de ses obligations ; son caractère bureaucratique et formaliste ; le peu d'avenir offert à ceux qui en font partie, sont autant d'obstacles à la bonne administration de la justice criminelle. On le constate en France comme en Belgique (3).

Aujourd'hui la position de juge d'instruction est considérée comme une étape de la carrière ; à peine a-t-on acquis l'expérience indispensable à la pratique des fonctions, que l'on s'en va pour laisser la place à d'autres : tandis qu'il faudrait y trouver une position assurée et définitive à laquelle un homme se consacre-

(1) Les écrivains anglais ne cachent pas cependant que ces juges de comté manquent souvent de science juridique et que leurs sentences sont parfois bizarres au point de vue du droit.

(2) Mittermaier évalue ce traitement de 1,000 à 1,200 livres.

(3) Bonneville, *loco citato, De l'amélioration de la loi criminelle.*

rait par goût, par vocation ; poussé par des aptitudes spéciales et des capacités reconnues. Donc il faut simplifier le travail du juge d'instruction, améliorer sa situation, remédier à l'insuffisance du personnel.

Dans le système que nous proposons, le travail est déjà singulièrement simplifié, mais il est encore considérable : il faut siéger tous les jours ; faire comparaître tous ceux qui sont prévenus d'une infraction quelconque ; assister à des débats nombreux, prendre des décisions de toute nature ; et pour une ville comme Bruxelles, par exemple, cinq juges d'information ne sont évidemment pas de trop pour accomplir consciencieusement toute cette besogne.

II. — COMMENT LE JUGE D'INFORMATION DOIT PROCÉDER.

Il s'agit de voir maintenant ce que sera une audience d'information dans la pratique, par rapport au juge qui la préside :

Le prévenu s'est présenté :

a) Volontairement ;

b) Ou bien cité par le ministère public qui peut, conformément à l'article 146 du Code d'instruction criminelle, assigner dans les 24 heures ou pour le jour même ;

c) Ou encore, il est amené par un agent de police qui a constaté le flagrant délit, ou a été requis par le ministère public.

Au moment où il se présente ainsi, il y a toujours déjà une base d'information : en effet, ou bien c'est le plaignant qui a dénoncé les faits au ministère public, en indiquant les témoins et les éléments de preuve ;

Ou bien c'est la police qui a constaté les faits dans des procès-verbaux qu'elle transmet au ministère public avec les indications à l'appui.

Donc l'information peut s'ouvrir immédiatement et le juge est tenu de la commencer.

Toutefois il se peut aussi que le prévenu vienne d'être arrêté et n'ait pas eu le temps de se procurer un avocat ou de faire venir ses témoins. Il doit alors avoir le droit de demander une remise qui ne peut lui être refusée.

Quand l'information s'ouvre, il est possible qu'elle ne conduise pas directement à un résultat précis et que la conviction du juge ne puisse se former immédiatement ; dans ce cas, il a le droit d'ordonner la continuation de l'information à une prochaine audience.

Nous touchons ici à un point capital de l'instruction : *sa durée*; nous y reviendrons plus loin ; mais nous ferons remarquer dès à présent que lorsqu'il s'agit d'abréger l'information, la police judiciaire prend une importance décisive, et que si elle est bien organisée, si elle a pour mission exclusive de rechercher les traces de l'infraction, elle peut apporter des instructions toutes faites à l'audience.

C'est là en effet la condition essentielle de toute information, et il est réellement étrange qu'un principe aussi élémentaire, aussi impérieusement rationnel ait échappé aux législateurs français et soit violé tous les jours en pratique. Comment n'ont-ils pas vu que, sous peine de bouleverser les· saines notions de la justice, c'est avant d'accuser un homme qu'il faut rassembler des preuves contre lui. Comment n'ont-ils pas vu qu'en agissant autrement, au lieu d'une justice impartiale et expéditive qui frappe à coup sûr, on n'a qu'une justice hésitante, qui tâtonne, erre à l'aventure et risque de se fourvoyer aux dépens de l'innocence?

Quand le juge a terminé l'information, il rend sa décision :

1° L'innocence a été démontrée : — il prononce le non-lieu;

2° L'innocence ne résulte pas des débats : — trois hypothèses peuvent se présenter suivant qu'il s'agit d'une contravention, d'un délit, d'un crime.

§ 1ᵉʳ. — CONTRAVENTIONS.

Le juge d'information constate une contravention; il prononce immédiatement la peine.

En effet, dans notre système le tribunal d'information peut parfaitement absorber les attributions du tribunal de police : laisser subsister ce dernier, c'est inutilement compliquer les rouages d'une organisation dont les qualités essentielles doivent être : la *simplicité*, l'*unité*.

Les prévenus trouveront devant le tribunal d'information, la même procédure que devant le tribunal de police en ce qui concerne l'assignation, la citation des témoins.

Ils y trouveront surtout les mêmes garanties, car l'on ne dira pas que le ministère public du tribunal d'information offre moins de chances d'impartialité ou de bienveillance pour ceux qui ont commis des contraventions légères, que le commissaire de police qui siége au tribunal de paix.

A ce propos, voici de quelle manière nous entendons cette innovation.

Dans toutes les villes chefs-lieux d'arrondissements judiciaires, et possédant par conséquent des tribunaux d'instruction siégeant tous les jours, il sera très-facile d'ouvrir chaque audience par le jugement des contraventions.

Que l'on ne craigne pas de voir par là les juges d'instruction encombrés et surchargés. D'abord il n'y a rien d'incompatible entre les fonctions, puisqu'en Angleterre le cumul a lieu ; ensuite la statistique nous donne à ce sujet des chiffres très-rassurants.

En effet, dans la banlieue de Bruxelles, c'est-à-dire dans les cinq cantons de justice de paix de Bruxelles, d'Ixelles, de Saint-Josse-ten-Noode et de Molenbeek-Saint-Jean, il se juge annuellement 10,000 affaires de police. De 1856 à 1860, il y en a eu 46,624 (1).

Divisons le travail entre 5 juges d'instruction, chacun d'eux aura environ à juger 2,000 affaires annuellement, soit à 300 jours d'audience, 6 à 7 affaires par audience.

Pour qui connaît l'instruction des contraventions, cela ne durera pas une demi-heure !

____

(1) *Exposé de la situation du royaume*, 1851 à 1860, t. II, p. 199.

Que d'avantages à ce système! D'abord un tribunal éclairé et habitué à l'instruction des affaires criminelles; ensuite le jugement quotidien des contraventions sans retards ni remises; la diminution des écritures.

Nul dérangement enfin pour les inculpés; car il est évident que dans notre système, les tribunaux d'instruction ne seront plus comme aujourd'hui concentrés au palais de justice, mais placés, comme les justices de paix, à différents endroits de la ville.

Ce que nous venons de dire de Bruxelles, où le nombre des contraventions forme plus du sixième de toutes celles de la Belgique (1), nous dispense de faire voir le peu de surcharge que notre système donnerait aux juges d'instruction des autres villes du pays.

Quant aux cantons ruraux, il est clair qu'ils continueraient à rester soumis aux tribunaux actuels de paix.

Il n'y aurait rien là qui romprait l'unité de l'organisation judiciaire; les contraventions rurales étant d'ailleurs par elles-mêmes assez différentes des autres.

§ 2. — DÉLITS.

Quand le juge d'information aura constaté la perpétration d'un délit, il renverra directement le prévenu devant le tribunal correctionnel sans le faire passer par la chambre du conseil.

____

(1) Sur 57,732 affaires de simple police jugées en Belgique en 1860, il y en avait, comme nous l'avons dit, près de 10,000 appartenant à la banlieue de Bruxelles. *Exposé de la situation du royaume,* 1851 à 1860, t. II, pp. 192 et 199.

Nous supprimons la chambre du conseil, et il ne nous sera pas bien difficile de démontrer que cette suppression est parfaitement justifiée.

Dans le Code de 1808, quand l'instruction est terminée, le juge fait son rapport à la chambre du conseil, qui examine s'il y a lieu de renvoyer le prévenu devant les tribunaux. La chambre du conseil joue donc ici le rôle que remplit le jury d'accusation en Angleterre ; elle est là pour contrôler les agissements du juge d'instruction. Le législateur s'est dit qu'il ne pourrait livrer d'une façon irrévocable le sort d'un citoyen à la décision d'un magistrat revêtu d'un pouvoir aussi arbitraire que celui du juge d'instruction, et en cela il a condamné son propre système; mais il ne faut pas un bien long examen pour voir :

1° Que le contrôle n'existe en réalité nullement ;

2° Qu'il y a là plutôt pour le prévenu un danger qu'une garantie ;

3° Que dans notre système, pour les délits, un pareil contrôle n'est pas nécessaire.

1° Le contrôle n'existe pas. En effet la chambre du conseil apprécie sur pièces, et un examen de cette nature ne permet pas d'exercer un contrôle bien efficace. Ensuite, le juge d'instruction lui-même fait partie de cette chambre et sait aisément faire prévaloir son opinion. Ainsi, tandis que le jury d'accusation est une assemblée de citoyens chargés, en dehors de la magistrature et à l'abri de toute influence, de procéder, à un nouveau point de vue, à une révision de l'instruction, la chambre du conseil est tout simplement un tribunal permanent qui a délégué un des siens pour faire l'instruction et examine après cela, dans les procès-verbaux, l'œuvre de son délégué avec les mêmes tendances que lui.

Il est inutile de faire remarquer ici que quand il s'agit de crime, la décision de la chambre du conseil n'a aucune valeur et que la décision définitive appartient à la chambre des mises en accusation (art. 133, 135, Code d'instruction criminelle). Mais même en matière de délit, comme le ministère public a le droit de se pourvoir contre toute ordonnance contraire à ses réquisitions (art. 135), la chambre du conseil est évidemment annihilée et son pouvoir absorbé par le ministère public; que signifie donc un pareil contrôle et en quoi garantit-il l'accusé?

2° Nous disions que bien loin de lui donner une garantie, le législateur lui a créé un danger! En effet, un principe de stricte équité ne permet pas aux magistrats qui ont voté sur la mise en accusation ou ont fait un acte quelconque d'instruction, de siéger comme membres de la cour d'assises, devant laquelle comparaît l'accusé, et cela sous peine de nullité; et cependant les magistrats siégeant dans la chambre du conseil composent le tribunal correctionnel; quand ils renvoient le prévenu devant le tribunal correctionnel, ils se font à eux-mêmes le renvoi de l'affaire! Et chose tout aussi incroyable, le juge d'instruction lui-même, qui a préparé toute l'accusation, peut faire partie du tribunal (1).

(1) FAUSTIN HÉLIE, t. VI, p. 65. BONNEVILLE, *Amélioration de la loi criminelle*, p. 368.

N'est-ce pas là le renversement des notions les plus élémentaires de justice et comprend-on que des hommes qui se disaient inspirés par des idées de progrès et d'humanité aient consacré une pareille doctrine !

3° Dans le système que nous préconisons, ce prétendu contrôle est donc supprimé; mais il est remplacé par un contrôle sérieux, qui se manifeste non pas dans les mots, mais dans les choses. L'instruction n'est plus confiée à un magistrat qui se sent libre d'agir à sa guise; elle se développe au grand jour : elle est faite par le ministère public, le conseil de l'accusé, les témoins des parties en cause, la police judiciaire ; et sous une surveillance bien autrement puissante, continue et redoutable que celle de la chambre du conseil : la surveillance de l'opinion publique !

La décision prise par le juge en présence d'un accusé à qui l'on a accordé tous les moyens de défense compatibles avec sa situation, trouve donc sa force, sa sanction et sa légitimité dans la manière même dont elle est rendue.

Nous n'avons pas besoin de rappeler qu'il en était ainsi sous le Code de brumaire an IV (articles 219, 220, 221) et qu'il en est encore ainsi aujourd'hui dans la procédure anglaise.

§ 3. — CRIMES.

Il s'agit d'un crime. Quand le juge d'instruction aura constaté que le fait reproché à l'accusé est d'après le

Code pénal un crime, il prononce l'ordonnance qui renvoie devant les assises.

Seulement ici, nous maintenons l'intermédiaire que la loi a placé entre celui qui fait l'information préparatoire et la juridiction criminelle, c'est-à-dire la *chambre des mises en accusation*.

Quand l'ordonnance de renvoi est rendue, le ministère public la transmet au procureur général, conformément à l'article 133, C. d'inst. crim., avec les procès-verbaux d'audience et un rapport sur l'affaire.

Le procureur général saisit la chambre des mises en accusation, conformément à l'article 219.

Le conseil de l'accusé, l'accusé lui-même, peuvent de leur côté adresser un mémoire à la chambre des mises en accusation.

L'on nous dira peut-être qu'il y a contradiction à maintenir la chambre des mises en accusation quand on supprime la chambre du conseil.

Mais nous ne sommes pas de ceux qui pensent que l'on est logique par cela seul qu'on est absolument systématique et exclusif, et nous sommes d'avis qu'il faut en toute chose tenir compte de toutes les circonstances spéciales et pratiques.

Nous avons vu que le juge d'instruction est pour ainsi dire le délégué de la chambre du conseil, que la chambre correctionnelle n'est que le dédoublement de cette dernière, qu'elle est composée des mêmes magistrats et que la chambre du conseil se borne à juger sur pièces et en fait, ce que le tribunal approfondira ensuite d'une façon plus complète.

La chambre des mises en accusation au contraire est une juridiction toute spéciale ; elle n'est pas encore représentée devant le tribunal d'information, elle ne sera plus représentée devant la cour d'assises ; elle n'a de rapports ni avec le juge d'information, ni avec le jury.— Les conseillers qui la composent n'ont pu avoir aucune influence sur la procédure préparatoire, ils n'en pourront avoir aucune sur la procédure définitive. Cette chambre a donc une raison d'être ; elle n'enlève aucune garantie à l'accusé, elle crée un contrôle sérieux et nécessaire, car elle décide de graves questions de droit ; elle veille à la régularité de la procédure ; elle détermine d'une façon précise la qualification des faits ; elle modifie s'il y a lieu l'ordonnance de renvoi et de prise de corps ; elle s'occupe des demandes d'extradition. Elle a son utilité et son efficacité : elle doit subsister.

Faut-il maintenant s'occuper d'une question qui a, paraît-il, fait l'objet d'une discussion au mois de mai de l'année 1870 devant la commission nommée à Paris pour la réforme du Code d'instruction criminelle, et qui consiste à savoir si les audiences des chambres de mise en accusation resteront secrètes ou bien si on y appliquera également le système de la publicité et de la contradiction (1) ?

On dit : l'arrêt de renvoi est un acte trop considérable pour que le prévenu ne soit pas admis à présenter ses moyens de défense et à s'assurer les garanties d'une

______

(1) *Revue de droit international et de législation comparée,* année 1870, n° III, p. 448.

discussion publique. C'est mal apprécier le caractère
de l'arrêt.

Pour transformer aussi complétement la procédure
criminelle et y introduire une instruction à trois degrés,
c'est-à-dire deux instructions préparatoires et une définitive, il faudrait des motifs de la plus haute gravité,
ces motifs nous ne les apercevons pas.

La décision du juge d'information, l'arrêt de la chambre d'accusation ont deux buts bien distincts.

Le juge d'information apprécie si oui ou non il y a
des charges suffisantes.

La chambre d'accusation apprécie si le fait est bien
qualifié, si les formes légales sont observées et de
quelle manière l'accusé doit être traduit devant les
assises. Laissons à chacune de ces décisions sa
portée.

Tous les moyens que le prévenu peut invoquer quant
au fondement ou à l'inanité des charges n'ont leur raison d'être que devant le tribunal d'information : il a toute
liberté pour les développer ; c'est là, et là seulement, qu'il
doit les présenter ; quand après une défense libre et publique le juge a pris une décision et qu'elle est défavo-
rable au prévenu, la question de fait est jugée : *il y a
des charges suffisantes*.

A la chambre des mises en accusation maintenant à
trancher les questions de droit et de procédure ; savoir
dans quelle forme le prévenu sera traduit devant la juridiction définitive, n'est pas pour celui-ci d'un intérêt bien
prépondérant. Certes il a le droit de discuter les questions de forme comme les autres, mais il nous semble

que le mémoire qu'il peut envoyer à la chambre des mises en accusation sauvegarde suffisamment son droit (1).

III. — PRODUCTION DES TÉMOINS.

Dans notre système, la production et l'audition des témoins formeront la base de l'instruction préparatoire; il est donc nécessaire d'en parler ici avec quelque détail.

Les témoins seront désormais cités par les parties; le droit de les faire entendre sera absolu; sous ce rapport l'accusation et la défense seront mises sur la

(1) Il peut être intéressant de dire ici un mot de l'institution qui en Angleterre remplace la chambre des mises en accusation, tout en n'ayant avec elle qu'une analogie excessivement lointaine : Le *grand* jury ou *jury d'accusation*. Le jury d'accusation est beaucoup plus une institution politique, qu'une juridiction de contrôle. Il représente en quelque sorte le *comté*. Quand les assises s'ouvrent, le juge des assises convoque le jury d'accusation qui se recrute parmi les propriétaires fonciers et les magistrats du comté. Ce jury examine l'affaire sous la direction du juge, en audience secrète et hors la présence de l'accusé. Mais ce qui le distingue du tout au tout de la chambre des mises en accusation, c'est qu'en dehors des affaires qui lui sont renvoyées par le juge d'information, le grand jury peut être saisi directement par le plaignant. Celui-ci fait alors une instruction à charge, ses témoins sont entendus , l'audience reste secrète et l'accusé n'est pas présent Le jury peut décider ainsi des questions de fait et de droit en enlevant à l'accusé toutes ses garanties. C'est là une institution étrange, elle permet tous les abus et les écrivains et législateurs anglais en réclamaient, il y a longtemps déjà, l'abolition. *Fifth report on criminal law*, p. 43 et sq. *Eight report on criminal law*, *Zeitschrift für auslændische Gesetzgebung*, vol. 28, p. 452 (article de MITTERMAIER).

même ligne. Chaque fois qu'il plaira à l'une ou à l'autre de produire un témoin, elles pourront le faire et cela à tous les moments de l'instruction.

Les citations seront astreintes au moins de formalités possible ; à ce point de vue, toutes les facilités doivent être données à l'inculpé ; il ne faut pas que le ministère public puisse à chaque instant entraver la défense en soulevant des incidents de procédure. Les règles à suivre sont toutes tracées par la procédure actuelle devant les tribunaux de police. Ce qu'il faut, c'est, afin d'abréger les délais, que les citations puissent se faire conformément à l'art. 146 du Code d'instruction criminelle, soit dans les vingt-quatre heures, soit pour le jour même. Elles devront de plus contenir l'indication exacte du motif ; il faut que le témoin sache pourquoi on l'oblige à comparaître en justice.

Quant à l'audition des témoins, elle sera, nous l'avons répété assez souvent, publique et orale.

Plus d'écritures désormais ! A quoi peuvent-elles servir? Les témoins sont là pour former la conviction du magistrat ; cette conviction faite, il juge. L'écriture est un hors-d'œuvre ; elle n'est utile que dans le cas où le ministère public ou l'inculpé veulent conserver la trace d'un fait marquant.

Et le secret? A quoi servirait-il? A quoi a-t-il jamais servi, sinon à égarer la justice et à la ravaler en réduisant l'instruction à une lutte de finesse avec l'inculpé?

C'est en vain que Faustin Hélie se débat contre les conséquences monstrueuses de ce système, qui permet à l'État de fourbir ses armes dans l'ombre pour en écraser ensuite un homme seul, qui permet d'interroger les témoins loin du prévenu, loin du public, comme si le juge instructeur était un être infaillible auquel rien ne peut rester caché.

Qui pourrait dire toutes les instructions avortées, les détentions préventives prolongées pendant des mois et des années, et qui sont dues à ce principe étrange : l'audition secrète des témoins?

Et que d'inconséquences dans ce système! Faustin Hélie lui-même nous fait un tableau pathétique des erreurs que les témoins, même de meilleure foi, peuvent commettre.

« Ce que l'homme voit, ou ce qu'il croit voir, dit-il, » n'est pas toujours ce qui est (1). »

Et dans le même chapitre, cependant, il soutient la procédure secrète, l'absence du prévenu, de tous ceux dont les questions opportunes pourraient redresser les souvenirs du témoin et faire jaillir la vérité!

Quelle inconséquence encore dans cette législation criminelle, qui punit de la peine du faux témoignage la déposition *orale* devant le juge définitif, et n'a pas de peine contre la déposition *écrite* du témoin dans l'instruction préparatoire!

Cependant ce témoin a prêté serment; sa déposition a une importance très-grande, car elle peut priver un homme de sa liberté pendant un temps indéfini, alors qu'il n'est encore que prévenu!

Mais, dit-on, cette déposition n'est que provisoire; il

____

(1) Faustin Hélie, t. V, p. 522 et suivantes.

faut permettre au témoin de se rétracter lors de la preuve définitive. « Ce n'est pas un véritable témoignage, » va jusqu'à dire Faustin Hélie (1).

·Alors supprimez le serment, comme le propose Mangin.

Mais pour notre part, nous sommes loin de vouloir cette solution ; nous croyons, au contraire, qu'il faut fortifier ce serment et l'étayer de la sanction pénale (2).

Quoi ! il serait donc permis de mentir à la justice ! il serait donc permis de venir, par des récits frauduleux, en pleine connaissance de cause, ternir l'honneur d'un homme, le jeter dans les mains de la loi, le priver de la liberté même, et cela ne serait pas un crime ! Et cela ne serait point passible des peines du faux témoignage !

Et quel sophisme que de dire que de cette manière les témoins n'oseront plus revenir sur leurs premières déclarations ! Depuis quand n'est-il plus permis de se tromper, même après avoir prêté serment? Depuis quand la mauvaise foi n'est-elle plus un élément essentiel du délit? Ce que nous constatons, c'est qu'actuellement le faux témoin, le témoin qui ment sciemment, échappe à toute répression devant le juge d'instruction.

Voilà ce qui ne doit plus être !

Donc, les témoins seront passibles des peines du faux témoignage.

Ajoutons, enfin, que le ministère public et le prévenu

____

(1) FAUSTIN HÉLIE, t. V, p. 599.

(2) Nous faisons, bien entendu, toutes nos réserves au sujet de la formule actuelle du serment, que nous voudrions voir remplacer par la simple promesse de dire la vérité.

auront le droit, après que le témoin se sera expliqué sur les faits incriminés, et après que le juge aura posé lui-même les questions qu'il croira utiles, de poser à leur tour des questions au témoin avec l'assentiment du juge.

En un mot, l'enquête préparatoire suivra désormais les règles de l'enquête définitive.

CHAPITRE II.

Le ministère public.

I. — CE QU'IL DOIT ÊTRE.

Le ministère public, ou pour mieux dire, l'accusation publique, n'est pas une de ces institutions nécessaires et *sine quâ non* d'une société bien organisée.

Nous en avons vu la preuve dans l'histoire et nous la voyons encore aujourd'hui en Angleterre.

Cependant il offre parfois des avantages que n'a point l'accusation privée. Sans entrer ici dans une discussion théorique sur le point de savoir quel est le meilleur système : l'accusation privée ou l'accusation publique, qu'il nous suffise de répéter qu'à notre avis, en Belgique, l'accusation publique vaut mieux, qu'elle est même indispensable.

Ceci posé, il s'agit de savoir de quelle manière sera organisé le ministère public.

Cette organisation que nous allons exposer rapidement repose entièrement sur le principe déjà tant de fois formulé par nous : le ministère public doit être l'accusation, toute l'accusation, mais rien que l'accusation.

La conséquence en est, nous l'avons dit, le démembrement complet de l'organisation actuelle du juge d'instruction. Ce juge d'instruction accusateur et juge à la fois doit disparaître, et tout ce qui se rapporte en lui à l'accusation doit retourner au ministère public.

Plus de faux-fuyants, d'arguties, de subtilités dignes de la scolastique la plus raffinée !

Que signifie, par exemple, cette distinction si puérile entre le droit de requérir et le droit d'instruire ? Est-ce que la réquisition et l'instruction à charge ne sont pas également du domaine de l'accusation ?

C'est au ministère public à faire toutes les diligences nécessaires pour établir sa preuve ; c'est donc à lui à requérir les agents et les actes qui doivent lui fournir cette preuve ; c'est à lui aussi à en rassembler les éléments. Au lieu de ce dualisme funeste qui existe aujourd'hui, on aura par là une accusation une et puissante, dirigée vers un seul but : la démonstration du délit. Désormais libre dans ses allures, possédant la plénitude de son droit, l'accusateur public n'aura plus qu'une seule limite à ses pouvoirs : celle que la loi même lui aura tracée.

Décrivons brièvement quel serait dans notre système le rôle du ministère public :

Placé à la tête de la police judiciaire, tenant dans ses mains les fils de cette police, pouvant à son gré les faire mouvoir et agir, le ministère public veille *sur la paix du pays*, selon l'ancienne et belle expression de nos coutumes.

Tantôt, mis en mouvement par les plaintes qui lui sont transmises, soit directement par les particuliers, soit indirectement par l'intermédiaire de la police, tantôt au contraire agissant spontanément, il porte ses griefs devant le juge de l'information, il se fait accusateur au nom de la société.

Mais ces plaintes, ces griefs il ne les expose pas à la légère; c'est armé de toutes pièces qu'il se rend au tribunal et demande la condamnation d'un homme. La police entière, les renseignements des parties, tout lui sert à former un faisceau de preuves qu'il peut présenter dès le début à l'appui de son accusation.

Cela fait, il prend toutes les précautions qu'il doit prendre pour gagner sa cause, c'est-à-dire celle de la société; il cite les témoins, il fait les descentes de lieux; il procède avec la permission du juge à des saisies, à des visites domiciliaires; il réclame la détention préventive et même, dans certains cas, le secret.

Toujours sur la brèche, il assiste à toutes les informations, les dirige au point de vue de l'accusation, combat pied à pied la défense, en un mot, remplit franchement et uniquement son rôle d'accusateur public.

Une pareille mission ne peut évidemment s'accomplir qu'avec une réorganisation complète du ministère public actuel; d'un côté le personnel des parquets doit être évidemment composé d'hommes de talent, possédant les qualités que Faustin Hélie demande aux juges d'instruction du Code, puisqu'ils les remplacent; d'un autre côté, ce personnel doit être augmenté de beaucoup, afin de satisfaire à toutes les exigences du service.

Nous allons maintenant examiner plus spécialement tout ce qui se rapporte aux différents actes d'instruction à charge, que le ministère public pourra faire au nom de la société.

Il est évident que dans notre système, ces actes doivent être astreints à des règles sévères et strictes; il faut que l'arbitraire, que tous les auteurs sont d'accord aujourd'hui à y déplorer, disparaisse absolument.

Il faut, de plus, qu'une responsabilité claire et inéluctable en soit le contre-poids.

Quels seront ces actes, quelle sera cette responsabilité? Nous allons l'étudier.

II. — ACTES DU MINISTÈRE PUBLIC.

Constatation judiciaire.

Les actes de l'instruction peuvent se partager en deux classes : 1° la constatation judiciaire, c'est-à-dire les visites domiciliaires, descentes de lieux, etc., et les saisies de pièces ; 2° la production des témoins. Comme nous avons déjà parlé des témoins à propos du juge d'instruction, nous ne traiterons ici que la constatation judiciaire.

§ 1er. — VISITES DOMICILIAIRES.

Parmi les garanties de notre Constitution et de toutes celles des États libres, l'inviolabilité du domicile occupe le premier rang. Dans certains cas, ce principe doit céder devant les nécéssités sociales ; mais alors il faut que ces cas soient nettement et strictement déterminés.

Or, une des plus regrettables fautes du Code de 1808, c'est de n'avoir pas fait cette détermination, et d'avoir ainsi laissé planer sur l'étendue des pouvoirs du magistrat instructeur un arbitraire qui n'a réellement pas de limites. Tous les abus peuvent se commettre à l'abri de la rédaction vague et élastique de la loi ; bien plus, ils peuvent se commettre impunément, car les voies de recours contre ces abus sont la plupart du temps illusoires, comme nous l'avons déjà vu et comme nous le verrons bientôt encore. Il est donc nécessaire que la loi distingue désormais avec soin les différents cas où les visites domiciliaires sont permises ou défendues.

La descente de lieux en cas de flagrant délit doit être conservée ; elle ne s'applique qu'au lieu même du délit et ne se produit que dans les cas où elle est d'une nécéssité absolue pour conserver les traces du flagrant délit.

Il nous semble même que cette descente de lieux doit garder complétement son caractère actuel ; mesure d'urgence, elle doit sous le nouveau régime pouvoir être prise non-seulement par le procureur du roi, mais aussi par tous les officiers de la police judiciaire. Le juge nouveau d'instruction seul, rentré dans son rôle de magistrat, ne peut y prendre part sous aucun prétexte.

Mais en dehors des cas de flagrant délit, les règles changent. L'inviolabilité du domicile reprend ses droits et il ne doit pas être permis au ministère public de s'introduire dans le domicile d'un citoyen, sans décision judiciaire.

Nous croyons donc que dans les cas ordinaires, alors que le délit n'est pas flagrant, il est de toute nécessité que le ministère public soit autorisé d'abord par le juge d'information, après débat contradictoire avec l'inculpé.

On évitera ainsi ces visites domiciliaires faites à l'étourdie et sans motif sérieux, sur des présomptions vagues et sans portée. Pour qu'un homme, quel qu'il soit, fût-il même l'organe de la société, pénètre dans le domicile d'un citoyen et viole ainsi la sainteté du foyer, il faut ou que le délit soit constant ou que la nécessité de la mesure soit *démontrée*.

Quels inconvénients d'ailleurs à ce nouveau mode de procéder? Va-t-il ralentir l'instruction? En quoi donc? Un quart d'heure, quelques minutes suffiront au juge d'instruction pour se rendre compte de l'opportunité de la mesure et rendre son ordonnance. Est-ce trop d'un quart d'heure pour vérifier la garantie d'un droit aussi important que celui du domicile?

D'ailleurs le temps presse-t-il dans les cas ordinaires, comme dans ceux de flagrant délit? Où est l'urgence?

D'un autre côté, craint-on que l'inculpé, grâce à ce débat contradictoire, ne puisse dissimuler tout ce qui peut le compromettre, changer la disposition des lieux, etc.? Crainte chimérique! Si l'accusé est en état de détention préventive, comment pourrait-il transformer, disposer son domicile, dissimuler quoi que ce soit? S'il est libre, peut-on le supposer assez niais pour ne pas avoir fait disparaître depuis longtemps tous les objets compromettants? De deux choses l'une : ou ses papiers, meubles, objets quelconques, ont été dissimulés par lui, et dans ce cas notre innovation ne fait de tort à personne; ou grâce à une inconcevable étourderie de l'inculpé ils sont encore dans toute leur intégrité, et dès lors, ce n'est pas le prévenu qui pourra les faire disparaître; en effet, l'ordonnance une fois rendue, le procureur du roi pourra immédiatement se rendre avec l'inculpé à son domicile.

En résumé, en ce qui concerne l'inculpé, nous croyons que sauf le cas de flagrant délit la visite domiciliaire ne doit jamais avoir lieu qu'après ordonnance du juge rendue sur débat contradictoire.

Quant aux lieux autres que le domicile du prévenu, nous pensons que le même principe doit être appliqué.

§ 2. — SAISIE DES PIÈCES.

Ici encore les pouvoirs du ministère public doivent être limités sévèrement par un autre principe constitutionnel : le secret des lettres.

Ce principe doit, nous semble-t-il, être appliqué dans toute sa rigueur. Dans aucun cas une lettre ne pourra être saisie à la poste par un magistrat, peu importe qu'elle soit adressée au prévenu ou à des tiers, ou envoyée par le prévenu ou par des tiers.

Il doit en être de même de toute lettre transportée par la poste qui sera trouvée dans ces conditions chez le prévenu ou chez des tiers, et qui n'aura pas encore été ouverte, ce qu'il sera facile de reconnaître au timbre de la poste.

La pensée écrite, en effet, n'est encore que la pensée; elle est insaisissable (1).

On ne comprend pas comment des auteurs tels que Faustin Hélie, tout en soutenant avec vigueur l'insaisissabilité des papiers confidentiels chez un avocat ou un avoué, peuvent admettre la saisie des lettres à la poste.

« L'intérêt de la défense, dit Faustin Hélie, qui est
» un des éléments de la justice même et qui constitue
» par conséquent un intérêt général, interdit au juge
» d'instruction la visite des lettres et papiers déposés
» par le prévenu dans le cabinet de son défenseur; ces
» lettres et papiers se confondent avec les confidences
» qu'il a pu faire; ils constituent les éléments de sa
» défense; ils ne peuvent être saisis (2). » Et les lettres non encore ouvertes, ne sont-elles pas aussi les confidences du prévenu, plus que des confidences, sa pensée la plus intime même?

Mais, dira-t-on, vous rendrez par là l'instruction parfois impossible. Cela n'est pas; mais quand bien même cela serait, quand bien même il serait démontré à la dernière évidence que la violation du secret des lettres

(1) MANGIN, t. I, p. 162. FAUSTIN HÉLIE, t. V, p. 515.
(2) FAUSTIN HÉLIE, t. V, p. 510.

est indispensable quelquefois à la découverte du délit, nous amuserons-nous à réfuter pour la centième fois ce fatal et détestable argument que tout ce qui est utile est permis? Ne voit-on pas que ce système conduit directement à l'inquisition et à la torture? Qui pourrait nier en effet que la procédure secrète ne fît quelquefois tomber le prévenu dans un piége et que la torture n'arrachât l'aveu de la vérité? Non, tout ce qui est utile n'est pas permis; non, il n'est pas permis au juge de jouer au plus fin avec l'accusé, de lui tendre des piéges, de lui arracher des aveux par une pression quelconque! Pourquoi donc serait-il permis alors de faire indirectement ce qu'il est défendu de faire directement? La première condition d'une bonne justice, c'est de respecter les droits naturels de l'homme.

Telle est notre opinion, en ce qui concerne les lettres non encore ouvertes, confiées à la poste.

Quant aux autres papiers et lettres trouvés sous enveloppe cachetée au domicile du prévenu, et en général, quant à tout objet enfermé sous clef ou autrement, nous croyons qu'ils pourront être saisis, parce qu'ils sont tombés du domaine de la pensée dans celui de la vie sociale. Mais, en permettant cette atteinte si grave portée à tous les secrets d'un homme, nous voulons une autre garantie que la responsabilité du ministère public.

En conséquence, tous les objets enfermés d'une manière quelconque, trouvés chez le prévenu, pourront être saisis, mais ne pourront être examinés que devant le juge d'information et après débat contradictoire avec l'inculpé.

Pas n'est besoin de dire que les règles déjà admises aujourd'hui par les auteurs devront être suivies ; ainsi le procès-verbal des objets saisis, la présence du prévenu à l'inventaire et aux scellés, etc., seront exigés à peine de nullité. Enfin, les dispositions si sages du Code de brumaire an IV sur la levée des scellés seront désormais suivies, comme le désire déjà Faustin Hélie (tome V, p. 522). Le prévenu devra donc être présent au bris des scellés et à l'examen des pièces ; cela est sous-entendu d'ailleurs, puisque cet examen ne peut avoir lieu qu'après débat contradictoire.

Les objets dont le juge croira l'examen inutile seront immédiatement remis au prévenu avec le scel encore intact.

Enfin, quant aux pièces et objets non cachetés ni enfermés qui seront trouvés chez le prévenu, la seule garantie que nous croyons bonne est celle-ci : ces objets seront transportés chez le juge qui, après débat contradictoire, permettra ou défendra au ministère public de les conserver en sa possession.

Telles sont les mesures que nous croyons devoir prendre, quant à la saisie des pièces chez le prévenu. La seule objection sérieuse que l'on pourrait faire de nouveau à ce système, c'est qu'il entraîne des lenteurs et va par conséquent à l'encontre de l'un des buts que nous poursuivons : la célérité.

D'abord, la célérité n'est pas notre seul but ; nous en avons un autre encore devant lequel tout doit fléchir, c'est la garantie de la défense. Quelle que soit l'excellence intrinsèque d'une mesure d'instruction criminelle, du moment qu'elle touche aux droits sacrés de l'individu, qu'elle mutile la défense, cette mesure est mauvaise et doit être rejetée sans pitié.

Or, après la détention préventive, qui lèse la liberté du citoyen, y a t-il dans l'instruction criminelle une mesure plus exorbitante que la saisie des lettres et papiers? Dès lors, ne devons-nous pas prendre vis-à-vis de cette mesure les mêmes garanties que vis-à-vis de la détention préventive?

Pourrions-nous laisser à l'accusateur, au ministère public, le droit de décider ce qu'il peut et ce qu'il ne peut pas saisir? N'est-ce pas au juge, au contraire, à celui qui représente non pas l'accusation, mais la justice sociale, de décider qui a tort ou raison dans ce débat, dont le but avoué est de porter atteinte à un droit naturel?

D'ailleurs en quoi ces mesures retardent-elles l'instruction?

Que le procureur du roi ou le juge d'instruction ouvre les pièces et les trie, elles n'en devront pas moins être transportées au greffe et passer devant les yeux du juge.

Et puis il ne s'agit évidemment pas plus ici que dans le cas de visites domiciliaires, de plaider longuement pour et contre l'ouverture des pièces saisies; il faut qu'en quelques mots chacun expose ses raisons; ce n'est pas avec des phrases, mais avec des faits que l'on pourra mettre de son côté un juge selon notre idéal à nous, c'est-à-dire, un magistrat expérimenté, intègre et faisant moins de cas de l'éloquence que de la logique.

Quels seront maintenant les droits du ministère public sur les papiers, etc., des tiers?

Évidemment les lettres envoyées par la poste et encore cachetées seront insaisissables soit chez eux, soit à la poste; c'est ce que M. Faustin Hélie lui-même s'efforce de démontrer sous l'empire du Code actuel :

« Les lettres qui n'émanent pas du prévenu, dit-il,
» et qui sont adressées à des tiers ne peuvent au con-
» traire être l'objet d'aucune saisie; car. elles ne peu-
» vent, lorsqu'elles seront encore fermées, être répu-
» tées pièces de conviction, et sont d'ailleurs protégées
» par la règle qui commande leur inviolabilité (1). »

Mauvaises raisons, disons-nous, dans le système de M. Faustin Hélie; car elles peuvent s'appliquer tout aussi bien aux lettres du prévenu; raisons péremptoires au contraire, dans notre système.

Passons aux papiers et à tous objets pouvant servir à la découverte de la vérité et trouvés chez les tiers, où ils seront présumés avoir été cachés.

Cette disposition, qui n'est que l'art. 88 du Code d'instruction criminelle, est la source des plus grands abus. Faustin Hélie et les auteurs reconnaissent, il est vrai, que pour procéder à la saisie de ces pièces chez les tiers, il faut deux conditions essentielles :

1° Que les objets soient *présumés* se rapporter au délit;

2° Qu'ils aient été *cachés* chez les tiers.

Mais l'extension qu'ils donnent à cette interprétation la rend illusoire.

(1) FAUSTIN HÉLIE, t. V, p. 519.

. « Le détenteur des pièces, dit Faustin Hélie (1), peut
» s'opposer à la saisie, soit parce que les papiers lui
» appartiennent, soit parce qu'il a intérêt à ne pas
» s'en dessaisir, soit enfin parce qu'il en est le déposi-
» taire et qu'ils ont été confiés à sa foi..... Dans les
» deux premières hypothèses, le juge d'instruction,
» après avoir apprécié la relation de la pièce avec le dé-
» lit et l'intérêt de la procédure à la joindre au dossier,
» peut nonobstant toute réclamation en ordonner la sai-
» sie. En admettant en effet que cette opposition s'appuie
» sur des motifs sérieux et que le détenteur soit inté-
» ressé à ne pas se dessaisir de la pièce..... cet intérêt
» privé peut-il faire fléchir l'intérêt général qui veut
» que la justice connaisse toute la vérité sur les faits
» qu'elle est appelée à juger..... Il importe peu que le
» papier contienne le corps même du délit, ou seu-
» lement la preuve ou l'indice du délit. Il suffit qu'il
» renferme un élément de vérité, une lumière quel-
» conque sur le fait incriminé, pour que l'instruction
» ait le droit de le saisir. »

Le vice fondamental d'une pareille procédure est de
tout livrer à l'arbitraire d'un juge d'instruction qui
n'est pas juge, mais accusateur.

Cela ne doit pas être désormais. Le ministère public
ne peut plus décider en droit s'il convient ou non de saisir; la seule chose qu'il puisse faire, c'est de dire à la
justice : ici est une preuve du délit; remettez-la entre mes
mains ! Et la justice, par l'organe d'un juge d'instruction

______

(1) Tome V, p. 5o3.

vraiment juge, lui accorde ou refuse cette remise. Quoi de plus simple, quoi de plus naturel et de plus conforme au système accusatoire !

Donc le ministère public n'aura pas d'autres droits, pour les saisies chez les tiers, que pour les saisies chez les prévenus.

Mais ici une restriction fondamentale doit prendre place : tandis que le procureur du roi pourra saisir, avec les garanties de la loi, tous les objets trouvés chez le prévenu et qui lui sembleront se rapporter au délit, il n'en sera pas de même quant aux objets et papiers trouvés chez les tiers. Il faut que la loi dise formellement que les seuls papiers et effets saisissables sont ceux qui *appartiendront au prévenu*, et qui *auront été cachés* chez les tiers.

En conséquence, les objets présumés appartenir au prévenu et cachés par lui seront transportés sous scellés chez le juge d'instruction ; et après débat contradictoire, alors qu'il aura été démontré que ces papiers et effets rentrent bien dans les conditions de la loi, le procureur du roi pourra en prendre connaissance, dans le cas où cela serait reconnu utile.

Avant de terminer ce qui regarde la saisie, nous devons dire quelques mots d'une catégorie particulière de tiers : les avocats, les avoués et les notaires.

Sous l'empire du Code actuel, les jurisconsultes se demandent si le juge d'instruction peut opérer des perquisitions et procéder à la saisie d'actes et de papiers déposés chez un notaire, un avocat ou un avoué.

La question se trouve beaucoup simplifiée dans notre système. En effet, les notaires, avoués, avocats, étant des tiers, il est évident que, comme nous venons de le dire, le ministère public ne pourrait saisir chez eux que les papiers cachés par le prévenu.

Mais à l'égard de ces papiers mêmes, nous croyons qu'il faut aller plus loin. Chaque fois que l'avocat, l'avoué ou le notaire déclarera que les pièces qui se trouvent chez lui sont un dépôt confidentiel, le ministère public devra s'arrêter.

C'est ce que la jurisprudence et Faustin Hélie enseignent déjà aujourd'hui (1).

L'étude du notaire, le cabinet de l'avoué et de l'avocat sont des asiles sacrés, où tous les secrets des familles et de la défense viennent se concentrer. Permettre au ministère public de porter la main sur ces secrets, ce serait, comme le dit Faustin Hélie (2), « violer l'intérêt général, car la défense du prévenu » dans laquelle la société trouve un véritable appui ne » saurait plus exister désormais. »

Loin de nous la pensée de déclarer à l'abri de toutes recherches judiciaires, les cabinets d'avocats, d'avoués ou les études de notaires, et de créer par là un privilége pour certaines classes de citoyens! Le domicile et les papiers de l'avocat doivent être ouverts à la justice avec les règles et garanties énoncées plus haut ; mais ce que nous voulons, c'est que dès le moment où l'avocat déclare les papiers qui sont chez lui, déposés à

____

(1) Faustin Hélie, t. V, p. 5o8 et sq.
(2) _Id._, t. V, p. 5io.

titre confidentiels, la justice s'arrête, et cela, sur cette seule déclaration, sans exception ni autres formalités.

En résumé, voici notre système en matière de constatation judiciaire, abstraction faite, bien entendu, des points de détail, dont nous n'avons ni l'intention, ni le loisir de nous occuper ici :

1° Quant aux visites domiciliaires :

Sauf le cas de flagrant délit, elles ne pourront avoir lieu qu'avec permission du juge de l'information et après débat contradictoire; et cela qu'il s'agisse ou non du domicile de l'inculpé.

2° Quant aux saisies :

Le secret des lettres encore intactes est inviolable à la poste, chez le prévenu ou chez les tiers.

Les objets cachetés ou enfermés trouvés chez le prévenu, seront transportés sous scellés au tribunal et ne seront ouverts et livrés au ministère public qu'après débat contradictoire et avec permission du juge.

Les autres objets trouvés chez le prévenu ne seront livrés au ministère public qu'après les mêmes formalités, sauf en ce qui concerne les scellés.

Les objets trouvés chez les tiers ne pourront être saisis qu'à condition d'appartenir au prévenu et d'avoir été cachés par lui.

Enfin, tous les objets quelconques déposés à titre confidentiel chez un avocat, un notaire ou un avoué seront insaisissables.

III. — RESPONSABILITÉ DU MINISTÈRE PUBLIC.

Comme nous l'avons dit en commençant, l'accusation, en rentrant dans la plénitude de son droit, doit rentrer aussi dans la plénitude de sa responsabilité.

« Il est dans la nature de tous les pouvoirs d'entraîner la responsabilité des agents qui les exercent, » dit Faustin Hélie (1).

Nous n'hésitons pas à le dire, cette responsabilité doit être avant tout pénale.

Sous ce rapport, le Code pénal de 1810 formulait contre les abus de pouvoir du ministère public des peines vraiment dérisoires (2) ; le Code belge a, nous le reconnaissons avec bonheur, suivi un système tout contraire, dans son chapitre des atteintes portées par des fonctionnaires publics aux droits garantis par la Constitution, et notamment dans les art. 147, 148, 149 et 151.

Mais pour que ces peines soient efficaces, il faut que les cas auxquels elles s'appliquent soient nettement déterminés ; il ne faut pas que l'on puisse venir épiloguer sur le texte de la loi, pour savoir si dans telle circonstance, oui ou non, le ministère public avait le droit d'agir comme il a fait.

C'est pourquoi nous voulons que le Code d'instruction criminelle détermine exactement et expressément

(1) Faustin Hélie, t. V, p. 112.
(2) Code pénal de 1810, art. 114, 184 et suivants.

les cas de responsabilité pénale du parquet ainsi que des officiers de police judiciaire ; qu'à côté de chacune de leurs obligations, en un mot, il indique la sanction de la peine.

Ce système admis, aucun citoyen ne craindra plus de dénoncer le ministère public à la justice criminelle, d'après les art. 148 et suivants du Code pénal. Il sera certain que, les faits étant établis, le magistrat coupable ne pourra échapper à la peine. Il marchera sur un terrain solide et n'aura plus peur d'invoquer ses droits.

CHAPITRE III.

Le prévenu.

I. — DROIT DE DÉFENSE DU PRÉVENU.

§ 1ᵉʳ. — RÔLE DE L'AVOCAT.

Si un Anglais ou un Américain avaient à apprécier notre législation criminelle, une des particularités qui leur causerait le plus d'étonnement, serait certes cette défense faite au prévenu de se présenter au juge accompagné d'un avocat avant qu'une décision de la chambre du conseil ou de la chambre des mises en accusation le renvoie devant les tribunaux. L'étranger se demanderait pourquoi, dès que le moindre soupçon plane sur un citoyen, on se croit obligé de le traiter comme le dernier des criminels, accumulant contre lui tous les périls et lui enlevant les moyens d'y faire face ! L'accusation est libre, la défense doit l'être. Elle doit pouvoir se déployer au grand jour, non-seulement au nom des principes absolus de justice, mais encore, pour que le prévenu amené devant un tribunal, ne semble pas une victime de la rigueur et de la persécution des juges préparatoires.

Que dit-on pour refuser au prévenu le droit d'être défendu et assisté dès le début de l'instruction?

On invoque les nécessités d'une répression rapide qu'aucun obstacle ne vienne entraver ; la société croit devoir se ruer avec la force immense dont elle dispose sur un ennemi désarmé. Donner à cet ennemi un soutien, c'est énerver l'énergie de la justice ; c'est permettre au coupable de tenir en échec ses adversaires ; c'est faire de la poursuite un assaut de ruses et d'habiletés ; c'est permettre à un malfaiteur de se donner sous l'égide de la loi, un complice qui agira pour lui à l'extérieur, fera disparaître les traces du crime et préviendra les saisies, les perquisitions, les visites domiciliaires.

De pareils arguments, fussent-ils sérieux, ne tiendraient pas un instant contre le droit sacré et inviolable de la défense, qui a pour lui l'hommage séculaire des nations civilisées !

Mais ces objections sont-elles bien fondées ?

L'État est-il aussi faible que les défenseurs du système actuel veulent bien le prétendre? Et croit-on qu'avec une police judiciaire bien constituée, nous ne soyons pas de taille à défier des armées de malfaiteurs, sans avoir

besoin de préparer des piéges pour ceux dont nous soup-
çonnons la conduite? Quoi! notre superbe et puissante organisation sociale dont nous faisons si souvent
étalage, serait réduite à néant, parce que l'accusé détenu
communiquerait avec un avocat!

Le barreau n'a-t-il pas des traditions d'honneur et de
loyauté qui forment des garanties aussi sérieuses que
toutes les mesures restrictives inventées par nos législateurs craintifs; et faire entrevoir des possibilités d'en-
tente criminelle entre les avocats et les coupables,
comme un danger permanent, n'est-ce pas rabaisser
bien gratuitement une corporation qui s'est toujours
maintenue à la hauteur de sa mission?

D'ailleurs, si un membre du barreau manquait à ses
devoirs professionnels d'une façon aussi violente, ou
bien, si, emporté par son zèle et le désir de sauver un
homme, il se laissait aller à se rendre le complice de
ses forfaits, eh bien, la loi pénale est là; elle est faite
pour l'avocat comme pour tous les citoyens et, comme
eux, elle saurait l'atteindre!

L'Angleterre et l'Amérique ont accepté le principe de
la défense dès le début de l'information. Ont-elles eu à
s'en repentir? La répression dans ces pays est-elle moins
rapide, le châtiment moins sûr, l'avocat moins loyal,
les malfaiteurs plus entreprenants? Que l'on consulte les
statistiques; elles répondront pour nous!

L'avocat représente dans l'instruction préparatoire,
ce qu'il représente dans l'instruction définitive : le principe de la défense! et pas plus ici que là, il n'oubliera
les devoirs que la loi et sa profession lui imposent.

Nous demandons en conséquence que l'avocat assiste le prévenu dès le début de l'instruction ;

Qu'il puisse faire entendre des témoins et les interroger ;

Qu'il puisse également interroger les témoins à charge ;

Qu'il puisse discuter les mesures réclamées par le ministère public, telles que les saisies, les perquisitions, la détention, etc. ;

Qu'il puisse s'opposer à la détention préventive, à la mise au secret, en prenant des conclusions, et en développant les moyens de fait et de droit qu'il croit utiles à sa cause ;

Faire acter ce qu'il juge convenable de faire acter ;

Veiller en général, au point de vue de la défense, à ce que la loi soit observée et à ce que des injustices ne soient pas commises ;

En un mot, représenter, dans ce qu'il a de plus respectable, le droit de tout homme de répondre à une accuastion, et venir en aide aux vues de la justice en donnant à la décision rendue plus d'impartialité, et par conséquent plus de poids et d'autorité.

§ 2. — PUBLICITÉ DE LA DÉFENSE.

La défense n'est pas seulement libre, elle est désormais publique. Et l'instruction trouve dans cette publicité non pas une entrave, mais son auxiliaire le plus efficace.

Comment en serait-il autrement ?

Pourquoi l'information en Angleterre, aux États-Unis, est-elle moins longue que partout ailleurs? Parce que tout le monde suit l'information, et vient en aide à la police et aux magistrats.

Pourquoi chez nous après nos longues instructions, l'accusé amené devant une cour d'assises, est-il encore un objet d'intérêt, et parfois de compassion? Parce qu'aucun contrôle n'a eu lieu, parce que sorti des sombres dédales de l'instruction inquisitoriale, il se présente à la barre entouré d'une auréole de martyr où l'imagination se plaît à entrevoir une auréole d'innocence.

Quand l'audience d'information est publique, chacun fait un récit de ce qui s'y passe, les journaux publient des comptes rendus, le public s'occupe de l'affaire et tout citoyen devient un officier de police judiciaire. Aujourd'hui déjà, la presse et l'opinion publique se mêlent des instructions, donnent des détails, des conseils, font des critiques; seulement cette publicité se dépense en pure perte; on parle, on écrit au hasard et sans résultat appréciable (1). Mais si l'on peut écrire et parler *de visu*, si l'on ne répand dans la foule que des renseignements exacts et des faits vrais; du milieu de cette information à laquelle tous prennent part, la vérité jaillit bientôt avec une lumineuse évidence et une rapidité salutaire. Que l'on ne prétende pas que les coupables profiteront de la publicité et trouveront partout des complices complaisants : d'abord la police doit veiller; ensuite la foule ne prend ordinairement parti que pour

(1) Voir les journaux français pour le procès Troppmann, et les journaux belges pour le procès Anthonissen, 1869-1870.

ceux qu'elle croit des opprimés; quand la justice criminelle n'est plus pour elle l'inconnu, quand elle voit qu'il
y va de l'intérêt de tous de réprimer les crimes, elle vient
en aide au parquet; les malfaiteurs font caste à part, et
traqués de toutes parts, ils sont réduits à l'impuissance
avant même de nuire.

§ 3. — SUPPRESSION DE L'INTERROGATOIRE.

C'est ici le lieu également d'insister sur une autre
garantie indispensable au droit de la défense : la suppression de l'interrogatoire. Nous avons déjà, dans la
deuxième partie, montré le caractère illogique, inique,
cruel, de cette torture consistant à arracher au prévenu
un aveu qui légalement n'est pas une preuve, mais dont,
en fait, on se sert avec raison comme de la plus forte
des présomptions morales.

Nous n'y reviendrons plus.

Mais si le prévenu ne doit pas subir d'interrogatoire
imposé, il doit être libre de donner des explications.
Car s'il croit utile de parler, on ne peut évidemment
l'obliger au silence. Seulement quand il s'agit de déclarations spontanées, on ne peut refuser non plus à la
justice le droit de s'en servir. De sorte que l'appréciation des faits conduit au résultat suivant :

Le prévenu peut parler.

Il doit connaître les conséquences de ses paroles.

Le juge l'avertira que s'il veut donner des explications
elles seront actées.

Ainsi : 1° plus d'interrogatoire ;

2° Reproduction des déclarations spontanées de l'accusé.

Dès lors tout redevient rationnel et équitable ; le prévenu agit d'après les inspirations de sa conscience et sans devoir se plier à un texte de loi.

L'innocent trouve dans la liberté qui lui est laissée, le droit de ne pas se compromettre, la faculté de faire jaillir la vérité.

Le citoyen troublé n'est plus victime de sa terreur ou de son émotion.

Le coupable peut, il est vrai, se retrancher derrière le silence, mais le silence n'est point une justification. S'il parle au contraire, il n'y a aucun motif pour que les juges n'invoquent pas contre lui des déclarations qui lui seraient défavorables, et ils ne trouveront jamais de plus fortes preuves que des contradictions, des hésitations, des aveux volontaires.

II. — DÉTENTION PRÉVENTIVE.

§ 1er. — ARRESTATION ET DÉTENTION.

Toutes les questions se rattachant à la liberté du prévenu sont dans la procédure préparatoire d'une importance capitale : c'est par ce côté que l'instruction criminelle se relie à l'organisation sociale et tient au droit politique d'une nation. Le Code cependant n'en fait aucun cas, et considérant la liberté individuelle comme un obstacle à la découverte de la vérité, il la foule aux pieds.

D'après l'art. 95 C. d'instr. crim., le prévenu peut être arrêté sans connaître les motifs de son arrestation. Il peut être détenu préventivement et mis au secret jusqu'au jour de son renvoi devant la juridiction compétente. (Loi du 18 février 1852.)

C'est ici la partie de toute l'information préalable où le droit individuel et le droit social se trouvent aux prises de la façon la plus caractéristique : il ne se rencontre peut-être pas de situation plus délicate et plus digne de l'attention des législateurs. Or, qu'ont-ils fait? Ils ont facilement tranché la question : ils ont sacrifié l'individu. Mais nous avons à nous demander si, en tenant compte de toutes les exigences sociales, on ne peut pas cependant protéger efficacement cette chose, si éminemment digne de protection, que l'on appelle la liberté humaine, et empêcher qu'elle ne devienne le jouet de volontés capricieuses et de sévérités inutiles.

Exposons d'abord, en pratique, le système qui, d'après nous, conduit à ce résultat.

Les agents de la police judiciaire arrêtent le prévenu, soit qu'ils aient constaté le flagrant délit, soit qu'ils aient été requis par le ministère public. Ils le conduisent au bureau de police de la section et inscrivent dans un registre à ce destiné, et que les avocats ont toujours le droit de consulter, leurs constatations dont une copie est transmise au ministère public (1).

____

(1) Les avocats peuvent consulter les procès-verbaux de la police. Si nous supprimons le système inquisitorial et la procédure secrète, nous

Le prévenu arrêté doit être conduit devant le juge immédiatement, ou au plus tard le lendemain.

S'il y a des charges graves et que le fait entraîne une peine de trois mois au minimum, le juge peut transformer cette arrestation provisoire en détention préventive, dont la durée légale est de douze jours.

L'ordonnance de détention doit indiquer d'une façon aussi précise que possible la nature de l'infraction reprochée au prévenu.

Si au bout de douze jours l'information n'est pas terminée, la détention peut être renouvelée pour un nouveau terme de douze jours ; mais elle ne peut en aucun cas être renouvelée plus de deux fois.

La détention n'entraîne pas pour le prévenu l'interdiction de communiquer.

L'interdiction de communiquer ne peut résulter que d'une ordonnance spéciale de mise au secret prononcée par le juge dans les cas de crime, et après débat contradictoire.

En cas de mise au secret, quand la justice veut se mettre en rapport avec le prévenu, elle le fait comparaître devant le tribunal d'information, en audience à huis clos.

Le prévenu peut de même demander spontanément à comparaître devant le tribunal d'information, à huis clos.

devons évidemment les supprimer partout. La procédure préparatoire doit être publique dès la première constatation. (Voir Angleterre, *General regulations, instructions and orders for the government and guidance of te metropolitan police force,* 1850.)

Dans ces deux cas il a toujours le droit de se présenter à l'audience accompagné d'un défenseur.

La mise au secret a la même durée que la détention préventive. Le prévenu arrêté peut toujours demander sa mise en liberté provisoire sous caution ou sous la garantie de deux répondants honorables et solvables.

Le prévenu peut appeler d'une ordonnance de détention préventive ou de mise au secret, devant le tribunal correctionnel, qui juge en audience publique et contradictoire.

Tel est le système; indiquons les motifs qui nous l'ont fait adopter.

Pour que dans ces matières la société use de son droit et n'en abuse pas, elle doit bien se pénétrer du caractère de la détention. Ce n'est pas un châtiment, car il n'y a pas de coupable; c'est une précaution qui a pour but de garantir la présence de l'inculpé, pour le cas où sa culpabilité serait démontrée. Donc ce que la société doit atteindre, *c'est la liberté physique du prévenu de se soustraire aux poursuites.*

Toute autre conséquence transforme une précaution nécessaire en une torture inutile et doit être absolument écartée.

A quoi bon l'isolement moral? Que signifie cet enlèvement d'un homme du sein de sa famille, de ses affections, de la vie sociale? Quelle est l'utilité de cette peine terrible qui le frappe sans rémission avant même que l'infraction n'existe?

S'il y avait un moyen de le détenir dans son domicile, il faudrait l'employer; ce système est impraticable, soit;

accordons à la justice le droit d'emprisonner, mais n'allons pas plus loin. C'est déjà une mesure d'une rigueur extrême ; elle frappe le prévenu dans ce qu'il a de plus précieux ; elle arrête toutes ses affaires ; elle coupe son crédit ; elle entache sa considération ; employons donc tous nos soins à la restreindre dans les limites les plus étroites. Car tout ce qui va au delà est tyrannique, arbitraire.

Et d'abord, quand le juge d'information ordonne la détention préventive, il doit y avoir un motif sérieux d'emprisonnement ; il ne faut pas qu'il donne avec précision une qualification légale aux faits ; cette qualification peut dépendre des circonstances ultérieures, mais il doit indiquer avec netteté le fait lui-même.

De vagues soupçons, des présomptions indéterminées ne suffisent pas pour l'application d'une aussi redoutable mesure, et c'est bien le moins, que celui qui en est l'objet sache ce qu'on lui reproche et puisse ainsi se défendre.

Ensuite, en règle générale, cette détention ne peut entraîner pour le prévenu aucune autre conséquence ; il reste libre de communiquer avec un conseil, avec sa famille, avec ses amis.

Toujours d'après les mêmes principes, quand le juge trouvera dans une caution offerte par le prévenu ou des répondants honorables et solvables, une garantie équivalente à l'emprisonnement, il en tirera la conséquence naturelle : il accordera la mise en liberté.

Cette dernière innovation se justifie d'elle-même ; il est certain que si la caution est une garantie et peut remplacer la prison, il faut le plus possible éviter qu'elle ne devienne un privilége pour ceux qui possèdent, et permettre aux pauvres d'offrir la garantie équivalente des répondants honorables et solvables.

§ 2. — INTERDICTION DE COMMUNIQUER.

Telles sont les règles à suivre dans les cas ordinaires. Mais on nous objectera que les choses ne se présentent pas toujours ainsi.

Cela est vrai. Il est des cas, où, en face d'un criminel, la simple assurance qu'il ne s'enfuira pas n'est pas suffisante, et nous qui demandons que la justice accomplisse tous ses devoirs vis-à-vis de l'individu, nous n'aurons garde de méconnaître les droits qu'elle possède incontestablement à son égard.

Pour empêcher que les malfaiteurs ne commettent des crimes, la société leur oppose l'armée des bons citoyens d'abord, ensuite l'armée de la police judiciaire ; cette armée qui a l'œil sur eux, qui doit les connaître, les surveiller, épier leurs démarches, espionner leurs repaires, ne jamais perdre leurs traces. C'est beaucoup, mais ce n'est pas assez encore.

Un crime a été commis ; ceux qui ont été assez rusés ou puissants pour l'accomplir malgré toutes les précautions de l'autorité, peuvent être assez puissants ou rusés pour le cacher. Ils peuvent s'entendre à l'extérieur avec des compagnons toujours prêts à s'interposer ; combiner des plans de défense ; dissimuler toutes les traces du crime et anéantir l'action de la justice en soustrayant à ses recherches les preuves qu'elle pourrait invoquer pour requérir le châtiment du coupable.

Or, si c'est un droit pour l'individu, de se défendre, et de repousser les atteintes inutiles que l'on voudrait porter à la liberté de la défense, c'est un droit non moins absolu pour l'instruction, de recueillir les preuves des méfaits, de résister aux tendances qui poussent les coupables à dissimuler leurs actes, de veiller, en un mot, à ce que les malfaiteurs n'entravent pas ce qui est de l'essence de l'information : la constatation judiciaire.

Quand donc la justice suppose que le prévenu détenu, mais libre de ses communications, profitera de sa liberté pour supprimer les traces de l'acte qu'on lui reproche, elle a le droit de prendre vis-à-vis de lui une mesure exceptionnelle : *la mise au secret.*

Mais quel que soit le danger que puisse faire courir à l'instruction le désir d'un homme de cacher son crime, cette mesure n'est légitime que s'il a été possible à celui contre lequel on la prend, de la discuter. Voilà pourquoi nous exigeons, avant toute mise au secret, un débat contradictoire où les parties pourront faire valoir leurs moyens.

Le ministère public aura naturellement une tendance à la présenter souvent comme indispensable, le prévenu et son avocat pourront signaler les raisons qui d'après eux la rendent inutile : au juge d'information à apprécier si elle est vraiment nécessaire et à prononcer en conséquence.

Voilà pourquoi encore nous donnons au prévenu un

droit d'appel contre toute décision prise par le juge au sujet de sa liberté : *détention* ou *mise au secret;* non pas un droit d'appel dérisoire et que personne ne peut contrôler, mais un recours sérieux devant une juridiction qui siége en audience publique : le tribunal correctionnel.

Inutile de faire remarquer que la mise au secret doit être limitée à des cas graves et exceptionnels; seulement pour ne pas renouveler dans la loi l'arbitraire qui y existe aujourd'hui, nous remplaçons une dénomination élastique par un texte précis : *en cas de crime.*

Quand la décision est maintenue, faut-il que le détenu reste pendant toute l'instruction dans un isolement complet? Il se présente des circonstances où le ministère public a intérêt à le faire comparaître; il s'en présente d'autres où l'accusé lui-même réclame sa comparution; faut-il retomber dans les excès du système inquisitorial et ne peut-on trouver un moyen qui concilie tous les droits et toutes les nécessités?

Nous croyons l'avoir indiqué en demandant, pour ces cas, des *audiences à huis-clos.* Le prévenu se présentera avec son avocat, devant le juge d'information; il pourra faire entendre des témoins. Le ministère public est là pour sauvegarder les prérogatives de la justice et empêcher les intelligences frauduleuses avec le dehors, dans le cas où par impossible elles tenteraient de se produire.

Mais encore une fois pourquoi s'imaginer que les malfaiteurs parviendront à corrompre et à acheter les avocats. Pourquoi donc ne soutient-on pas, et à bien plus forte raison, que dans la prison il faut immédiatement soumettre le prévenu au système cellulaire, de peur qu'il ne parle avec ses gardiens, et ne les corrompe aisément? Pourquoi ne soutient-on pas qu'il faut encore, dans cette prison cellulaire, le priver des visites du médecin qui par pitié, générosité, ou vénalité lui ménagerait des relations à l'extérieur? Ce sont là de ces conceptions exagérées que l'imagination se crée à plaisir, mais que le bon sens repousse et que l'expérience dément ; on ne voit pas le bien qu'elles peuvent produire, on constate journellement le mal qu'elles causent. Et à ceux qui ne considèrent pas les garanties que nous réclamons comme le minimum de ce qui est praticable, nous demandons simplement de se rappeler un instant les chiffres cités plus haut et le nombre immense des victimes soumises à tous les tourments de l'isolement et du secret avant de faire reconnaître leur innocence !

§ 3. — DURÉE DE LA DÉTENTION.

Enfin nous exigeons également que la durée de la détention et de la mise au secret soit limitée. Quand on se souvient qu'il y a aujourd'hui en une période de cinq ans,

28 détentions de 9 mois à un an et plus ;

137 détentions de 6 à 9 mois ;

873 détentions variant entre 3 et 6 mois, et que sur-

tout l'on songe au nombre des acquittements, il est impossible de ne pas frémir ! (1)

Et quand on est forcé de s'avouer que non-seulement cela n'est pas nécessaire, mais que dans des pays voisins cela n'a jamais existé ; quand on constate avec Mittermaier la courte durée des détentions chez les Anglais qui comptent par jour pour les faits les plus graves, quand nous comptons souvent par mois pour les faits les plus légers, il est difficile de ne pas être épouvanté de l'esprit de routine des hommes, et de l'insouciance de ceux qui assistent journellement à d'aussi monstrueux abus sans chercher à les réprimer !

Pour les cas ordinaires, une détention de douze jours est plus que suffisante, et quelle que puisse être la gravité du fait, les ramifications du crime, il est impossible qu'une information dépasse un maximum de trente-six jours. Si la justice est bien organisée, si la police est forte, il faut qu'au bout de trente-six jours la culpabilité soit démontrée, si elle existe. Sinon il n'y a qu'à accuser la négligence ou l'incurie des fonctionnaires. Et ce n'est pas au détenu à supporter la responsabilité de leur incapacité.

Combien de fois ne voyons-nous pas un parquet maintenir une détention préventive sans que la culpabilité soit démontrée, dans l'espoir que des charges nouvelles naîtront tout à coup ? Comme si la mission sociale d'un parquet était, non de punir des criminels reconnus,

---

(1) Voir les tableaux de la durée de la détention préventive de 1856 à 1860 dans l'*Exposé de la situation du royaume*, t. II. Cour d'assises p. 236. Confer. autres trib., p. 235.

mais d'en découvrir de mystérieux et d'insaisissables ? Comme si cette mission était non pas d'exercer la justice criminelle, mais de faire de la police criminelle au point de vue de l'art ?

N'y a-t-il point là encore une source inépuisable d'arbitraire ? Et si au bout de 36 jours dans un Etat organisé comme le nôtre, le ministère public ne parvient pas à faire la preuve nécessaire, ni même à établir qu'il y a *des charges suffisantes*, quelle incroyable obstination ne faut-il pas pour détenir un citoyen, et quelle meilleure preuve de son innocence veut-on posséder que le fait de l'avoir vu résister à des investigations aussi longues et aussi minutieuses, sans donner prise à l'accusation ? Et cela est surtout vrai dans notre système où nous donnons un rôle prépondérant à la police.

III. — DE L'INDEMNITÉ JUDICIAIRE.

La justice humaine est faillible ; quelles que soient les garanties dont elle s'entoure, elle peut se tromper et se trompe souvent.

Or, en se trompant, elle frappe l'innocent ; et dès lors surgit cet axiome qui s'impose à notre conscience d'une manière invincible : Toute erreur judiciaire demande réparation.

En effet, chaque fois que la société réclame un sacrifice de quelqu'un de ses membres, elle est obligée de l'indemniser comme un simple citoyen ; elle l'est d'autant plus, que cela lui est plus facile qu'à un citoyen. Pourquoi cette règle de droit civil ne serait-elle pas applicable au droit criminel? Quoi! Lorsque la société me prend un lambeau de terre, un pan de mur, elle doit m'en payer le prix; et quand elle me prend ce que j'ai de plus cher au monde, ma liberté, mon honneur, elle ne me devrait rien?

Un pareil système, loin de donner de la force à la justice lui enlève tout prestige; qu'est-ce en effet que cette représentation du droit qui se met au-dessus du droit?

L'histoire nous montre d'ailleurs que tous les peuples ont compris ce principe en théorie, si pas en pratique.

A Athènes et à Rome, où l'accusation privée existait seule, l'accusateur était toujours responsable, du moins quand il y avait eu mauvaise foi de sa part.

Avec l'avénement de l'accusation publique tout change; désormais la justice s'inféode à l'État; elle est infaillible comme lui, et comme lui, avare de ses deniers. Alors commence une ère monstrueuse et tellement chargée d'iniquités que le cœur en bondit encore d'indignation.

« Le battu paie l'amende même » comme dit Loysel, dans ses *Institutes coutumières*. Bien plus, jusqu'à Louis XI, nous voyons en France, l'innocent payer les frais de la procédure injuste et de l'incarcération injuste qu'il a subie (1)!

François Ier (2) et Louis XIV (3), continuent l'œuvre de réparation commencée par Louis XI, et déclarent qu'en toute matière civile et criminelle il y aura lieu

(1) Ordonnance de Louis XI, nov. 1463, art. 14.

(2) Ordonnance de 1539.

(3) Ordonnance de 1670.

de condamner à des dommages-intérêts la partie succombante. Il ne s'agissait, il est vrai, que de la partie civile ; mais à cette époque, la partie civile, ou le dénonciateur, se joignait souvent à l'accusation.

Léopold de Lorraine alla plus loin (1). Les juges, dit-il, pourront condamner aux dommages-intérêts nos procureurs et ceux des seigneurs en leur nom qui ont pris des dénonciateurs inconnus ou insolvables.

La Révolution approchait. De toutes parts les sociétés savantes mirent la question de l'indemnité à l'ordre du jour. En 1781, notamment, la Société des arts et belles lettres de Châlons-sur-Marne, promit un prix à l'auteur du meilleur travail sur l'indemnité due aux accusés reconnus innocents, et couronna deux auteurs, nous apprend Bonneville de Marsangy (2), qui avaient défendu le principe absolu que nous défendons encore : tous les inculpés relaxés des poursuites ont droit à l'indemnité.

Louis XVI enfin, proclama en 1788 le droit sacré des inculpés reconnus innocents. Les cahiers des États généraux l'appuyèrent de toutes leurs forces en 1789. En 1790, lorsqu'il s'agit de faire un Code d'instruction criminelle, Duport proposa qu'il fût fait un fonds de secours avec les amendes, pour indemniser les accusés déchargés de l'accusation. Le taux de l'indemnité devait être fixé par les jurés.

(1) Ordonnance de 1707, titre II art. VI. BONNEVILLE, p. 514.

(2) BONNEVILLE DE MARSANGY, *De l'Amélioration de la loi criminelle,* p. 512. Cette même société remit la question au concours en 1723, et couronna de nouveau deux mémoires donnant l'indemnité à tous les *acquittés indistinctement* BONNEVILLE, p. 516

Malheureusement la Terreur empêcha l'accomplissement de ce noble projet; néanmoins l'idée était lancée; depuis lors, bien des voix puissantes et émues se sont fait entendre à ce sujet : Merlin, Legraverend, Faustin Hélie (1) ont réclamé tour à tour un système équitable; et cependant nous attendons toujours! C'est à peine si quelques législations ont admis, et encore non sans restrictions, le principe de l'indemnité (2).

Nous espérons que notre pays les suivra bientôt dans cette voie, et proclamera à son tour largement, que la société indemnise ceux qu'elle lèse dans leur liberté et leur honneur, tout aussi bien que ceux qu'elle lèse dans leur fortune.

Comme nous venons de le voir, le principe de la réparation des erreurs judiciaires n'est pas nouveau; il a été mis en avant sous différentes formes; cependant comment se fait-il qu'aucun peuple ne l'ait loyalement pratiqué? D'où vient cela? D'où vient cette contradiction flagrante entre le droit et le fait?

La grande, l'unique raison, a-t-on répété sans cesse, c'est qu'il est impossible d'appliquer équitablement le principe de la réparation, parce qu'il est impossible de distinguer parmi tous ceux que la justice renvoie des poursuites, les innocents d'avec les coupables. Or si la justice humaine doit réparer le tort qu'elle a fait à l'innocent, elle ne doit rien au coupable dont l'habileté l'a mise en défaut.

---

(1) MERLIN, *Répertoire,* v°, *Réparation civile.* LEGRAVEREND, *Traité de législation criminelle.* FAUSTIN HÉLIE, *Théorie du Code pénal.*

(2) Autriche, Berne, Deux Siciles.

Cette objection capitale qui a arrêté tous les législateurs dans la question de la réparation judiciaire, tombe cependant pour cette raison : c'est que dans tous les cas, l'accusé renvoyé des poursuites *doit* être réputé innocent.

Agir autrement, diviser les accusés renvoyés ou acquittés, en innocents et en coupables habiles, c'est renverser cette distinction suprême entre le droit et la morale, c'est arracher à la justice son bandeau et lui donner la surveillance et la censure de la moralité des citoyens.

Cela ne doit pas être. Quand la société a mis la main sur un homme ; qu'elle l'a poursuivi comme criminel et qu'à un moment donné de cette poursuite, soit avant, soit après un jugement, elle doit s'arrêter et mettre l'accusé en liberté ; c'est qu'elle a eu tort, et la plus simple équité lui ordonne de réparer ce tort.

Il ne peut pas être permis à un citoyen, ou à une autorité quelconque en ce monde, de dire : Je renvoie cet homme des poursuites, et cependant je le crois coupable !

En vain, dira-t-on que très-souvent la justice s'arrête faute de preuves, sans que pour cela l'innocence de l'inculpé apparaisse d'une façon évidente. Il doit y avoir innocence ; le doute ne peut exister vis-à-vis de la justice ; c'est en fausser la base et ouvrir toutes les portes à l'arbitraire que d'agir autrement (1).

---

(1) Sous ce rapport nous ne pouvons protester avec assez d'énergie contre la détestable formule d'acquittement qu'emploient nos tribunaux : « Attendu que la prévention n'est pas suffisamment établie, le tribunal » acquitte. » Attendu que la prévention n'existe pas, faudrait-il dire.

Et quels sont donc d'ailleurs ces inconvénients pratiques, qu'on nous présente à chaque instant comme un épouvantail?

Beaucoup de coupables vont-ils ainsi, non-seulement passer dans les mailles de la justice, mais encore recevoir la prime de leur habileté mauvaise? Pareil argument était bon dans les temps barbares où tout était confusion; mais avec notre civilisation, notre législation minutieuse et compliquée, avec notre formidable système de défense sociale, est-il permis de dire sérieusement que semblable fait se produira souvent? Et quand bien même il se produirait parfois, serait-ce une raison pour ne pas appliquer le système de la réparation, et, par crainte de donner une indemnité au coupable, d'en refuser une à l'innocent?

Ceux qui raisonnent ainsi, ont-ils donc oublié les paroles de Lamoignon, et celles d'Ulpien qui ont servi d'épigraphe à notre travail?

Mais, dira-t-on, personne ne veut aller si loin; chaque fois que l'innocence sera clairement démontrée, nous accorderons l'indemnité. Ceci est tout simplement une monstruosité; c'est établir entre les inculpés déclarés innocents des catégories; c'est à côté du procès en culpabilité pénale, en créer un second en culpabilité morale; c'est admettre le système étrange et profondément antijuridique de Bonneville de Marsangy, qui demande que l'inculpé acquitté *prouve* son innocence devant le tribunal et qu'après un jugement en innocence on lui accorde ou non réparation (1)!

(1) BONNEVILLE, p. 521, Code des Deux-Siciles. chap. VI, art. 5.

Et puis, ce système ne fait que reculer la difficulté sans la résoudre : quoique l'on fasse, à côté des innocents *évidents*, il y aura toujours les innocents *douteux*, et pour ceux-là l'inflexible maxime d'Ulpien et de Lamoignon subsiste tout entière.

Nous ne parlons pas de la honte qui s'attacherait à ces innocents *douteux*, à ces gens acquittés auxquels on refuserait une réparation ; nous ne parlons pas non plus de l'arbitraire qui règnerait dans ce classement des acquittés ; les abus les plus flagrants en seraient la conséquence.

Non, il n'est pas possible d'admettre cette distinction subtile. Est-il plus possible de distinguer entre les innocents renvoyés par jugement et les innocents renvoyés pendant l'instruction ?

Nous ne le pensons pas. Dès l'instant où, dans le cours de l'instruction, un citoyen est renvoyé des poursuites, il doit être, quant *à ce moment-là*, réputé innocent envers et contre tous.

Peut-être sera-t-il plus tard repris et condamné ; peut-être aura-t-on ainsi donné à un coupable une indemnité, si indemnité il y a ; qu'importe ! Quand ce cas rare, excessivement rare, avec un bon système d'instruction criminelle, se présentera, eh bien, la société reconnaîtra qu'elle s'est trompée ! Vaut-il mieux qu'elle soit obligée de reconnaître un jour qu'elle s'est trompée en sens contraire, et qu'elle a jadis poursuivi et puni un innocent ?

C'est un dilemme d'où l'on ne peut sortir : ou bien refuser l'indemnité, et dans ce cas s'exposer à poursuivre et à condamner des innocents sans les indemni-

ser, ou bien l'accorder et s'exposer à indemniser des
coupables.

La question étant posée ainsi, quel esprit vraiment
juridique hésiterait à la résoudre?

Mais, dit-on enfin, dans le cas de renvoi des poursuites avant jugement, le préjudice causé vaudra-t-il la
peine d'une réparation?

Certes dans un bon système d'instruction, avec le
débat contradictoire et la liberté provisoire, le préjudice
sera heureusement presque toujours très-faible; mais il
ne s'agit pas de savoir si le préjudice est faible ou fort,
il s'agit de savoir s'il existe.

Si oui, la société doit le réparer.

Le principe de l'indemnité admis, quelles en sont les
conséquences? En quoi consistera-t-elle? Comment l'ap-
pliquera-t-on?

La réponse est facile : L'indemnité doit être la réparation des dommages causés. Or quels sont les dommages
causés par une poursuite judiciaire : un dommage dans
l'honneur; un dommage dans la fortune.

Une lésion à l'honneur, parce que le citoyen poursuivi pour un délit, et sur lequel plane le soupçon, est
pendant un certain temps, quoi que l'on fasse, désho-
noré, et parfois même pour toujours; celui qui a eu
maille à partir avec la justice garde toujours une sorte
de flétrissure; telle est la tendance naturelle de l'esprit
humain; on peut la critiquer; on doit la subir.

Une lésion à la fortune, parce que l'homme qui se
trouve enlevé à ses affaires par une détention préventive
ou de fréquents interrogatoires, l'homme qui est obligé

de choisir et de payer un défenseur, de faire citer des témoins, etc., le négociant qui doit négliger son commerce, l'ouvrier surtout arraché à son travail, tous enfin sont frappés dans leurs intérêts et cela par mille et mille causes d'une variété infinie.

Il y a donc dommage à l'honneur et à la fortune du citoyen. Par conséquent la réparation sera double : réparation d'honneur, réparation d'argent.

La réparation d'honneur, c'est la proclamation de l'innocence, aussi largement que l'inculpé peut le désirer.

Il faut que le jugement ou l'ordonnance qui le renvoie des poursuites, lui soit dans tous les cas délivrée en copie authentique et gratuite (1); il faut de plus que l'inculpé ait le droit absolu de pouvoir faire connaître son innocence aux frais du trésor, soit par voie d'affiches, soit par voie de journaux.

Il faut qu'il ait ce droit, mais en toute liberté d'en user ou non ; en effet, dans bien des cas, l'inculpé chatouilleux d'honneur, préférera se taire que proclamer son innocence ; il ne convient pas à tous de faire savoir que l'on a eu des démêlés avec la justice.

Passons à la réparation pécuniaire, à l'indemnité proprement dite : (2)

Que comprendra-t-elle? Évidemment l'exacte représentation du dommage matériel, rien de plus, rien de

(1) Ceci est déjà admis en Autriche : Si l'innocence ressort clairement, la sentence doit porter que l'inculpé est déclaré innocent, et copie authentique et gratuite doit lui en être délivrée, art. 427 et 436, Code pénal.

(2) Le Code de procédure criminelle de Berne accorde une indemnité à tout citoyen injustement inculpé ayant subi une détention préventive.

moins; il ne faut pas que l'on batte monnaie sur le dos de la justice, suivant une expression vulgaire. Quant à la façon dont ce dommage sera apprécié, il est évident que tous les moyens de preuve quelconques devront être admis. Loin de nous, le système absurde que quelques-uns ont préconisé et qui consisterait à fixer le taux des indemnités *à forfait*, comme la loi le fait pour les taxes des témoins; mieux vaut le *statu quo* qu'un pareil système qui donnerait tantôt trop, tantôt trop peu, sans aucune équité.

Qu'il nous soit permis de réfuter ici une objection souvent faite à l'indemnité pécuniaire. Elle grèvera le trésor d'une charge accablante, dit-on. Vaine fantasmagorie! Un examen sérieux de la question l'anéantit aussitôt :

Sous notre système exorbitant d'instruction criminelle, avec notre abus excessif de la détention préventive, voici les chiffres que nous trouvons (1).

En 1860, il y a eu 177 personnes acquittées par jugement criminel ou correctionnel, après avoir subi la détention préventive.

200 autres personnes ont été renvoyées des poursuites avant jugement, soit par la chambre du conseil, soit par celle des mises en accusation, et cela aussi après une détention préventive.

Soit en tout 377 individus détenus préventivement, reconnus innocents, et par conséquent ayant droit à l'indemnité. Mais il est évident que l'indemnité doit varier d'après

____

(1) *Exposé de la situation générale du royaume*, 1851 à 1860, vol. II p. 234.

le dommage causé; or, selon les statistiques (1), il nous est permis d'affirmer que les individus illettrés, par conséquent en général les pauvres et les prolétaires, forment 80 p. c. de la masse criminelle; soit 292 illettrés sur 377 personnes; et les autres 20 p. c. seulement, ou 75.

Il nous est aussi permis d'évaluer la journée de travail des 292 illettrés pauvres, l'un parmi l'autre, à 5 fr. par jour, et celle des 75 lettrés aisés à 20 francs; et c'est agir largement; cela nous donne, en prenant 2 mois de détention préventive moyenne, la somme de 90,600 francs.

Un pareil calcul est évidemment incomplet; d'un côté nous ne tenons pas compte des ruines complètes qui peuvent être parfois le résultat des poursuites, spécialement chez les négociants; d'un autre côté, nous avons évidemment évalué très-haut l'indemnité due aux illettrés, pour la plupart humbles prolétaires.

En tenant compte de ces éléments, nous osons dire hardiment que même sous le régime actuel, les indemnités ne s'élèveraient pas à plus de 100,000 francs par an!

Bien meilleure encore serait la situation avec un système d'instruction criminelle, impartial, sûr, et n'admettant la détention préventive que dans des limites étroites et des cas exceptionnels. Vingt mille francs suffiraient amplement à l'accomplissement de ce devoir social.

Cette misérable question d'argent écartée, que reste-t-il ?

(1) *Exposé de la situation du royaume,* 1851 à 1860, t. II, p. 154.

La question importante, mais tout administrative de savoir comment s'appliquera l'indemnité?

Nous n'avons pas la prétention de le déterminer ici; nous croyons cependant qu'il y aurait un danger à donner au tribunal pénal la fixation de l'indemnité pécuniaire.

En effet, ce tribunal, l'innocence une fois proclamée, a fini son rôle. Vouloir lui faire déterminer l'indemnité, c'est exiger trop et trop peu de lui. En effet, ou bien cette indemnité, il la fixera mal, en jugeant sur des éléments insuffisants et peu discutés, ou bien il aura l'esprit préoccupé par cette fixation et ne fera plus assez attention au fond du procès.

Nous n'appuyons pas sur cet autre danger, de voir les tribunaux déployer une sévérité draconienne et pencher plutôt vers la culpabilité, sous l'empire de cette idée de l'indemnité éventuelle que va recevoir un homme sur l'innocence duquel planent peut-être des doutes.

De même ces doutes ne réagiront-ils pas sur le taux de l'indemnité et ne le feront-ils point diminuer?

Que faire d'ailleurs, dans les cas où il s'agirait d'indemnité due à un individu renvoyé des poursuites avant jugement!

Il nous a paru tout aussi dangereux de laisser fixer les indemnités, soit par des corps constitués, députations permanentes, etc., soit par les tribunaux civils.

Après avoir mûrement pesé le pour et le contre, il nous a semblé préférable de voir s'établir dans chaque province un bureau ou chambre des indemnités, qui déterminerait sans appel et souverainement, d'une manière

sommaire et avec le moins de formalités judiciaires possible, le taux de l'indemnité à accorder à l'inculpé.

Tels sont, en résumé, nos vœux les plus ardents dans
cette question de la réparation des erreurs judiciaires.
— Nous souhaitons voir bientôt s'établir à côté d'un
bon système d'instruction criminelle, et comme couronnement de la justice, une loi décidant que tout citoyen que
la société aura lésé dans son honneur ou sa fortune, en
instruisant à sa charge, aura droit, quand il sera renvoyé
des poursuites avant ou après jugement, à une réparation d'honneur et à une indemnité pécuniaire, équitable
et facile à déterminer.

CHAPITRE IV.

Police judiciaire.

La police judiciaire est une institution bien spéciale,
ayant ses fonctions propres et un but déterminé : elle
n'est pas l'administration qui veille au maintien de l'ordre
parmi les citoyens et prend des mesures préventives
pour que la liberté de tous et les rapports sociaux
soient respectés. Elle n'est pas non plus le pouvoir judiciaire qui constate les infractions à la loi et les punit.

Elle est, comme le dit Faustin Hélie, « l'œil de la
justice ; » elle permet à la justice d'accomplir son
œuvre, en lui signalant les infractions ; en saisissant les
indices et en les transmettant au juge.

De l'essence de la police judiciaire résultent donc ses conditions d'existence :

Elle doit être séparée et indépendante de la police administrative.

Elle doit être aussi séparée complétement du pouvoir judiciaire, tout en dépendant de ses agents supérieurs.

Or, si nous jetons un coup d'œil rapide sur le passé de la police judiciaire, nous voyons qu'en France, elle n'a jamais été comprise, comme elle devait l'être, que ses attributions n'y ont jamais été spécialisées et qu'insensiblement, entre l'administration, la justice et la police judiciaire proprement dite, il s'est produit une confusion dont le Code de 1808 est le déplorable témoignage.

La police judiciaire a obéi à travers les siècles à une loi dont il est facile de signaler le caractère.

Aux époques primitives, quand les nations sont encore en voie de formation, ce que nous appelons aujourd'hui la police n'existe pas ; les citoyens la font eux-mêmes ; ils se défendent contre ceux qui attentent à leurs personnes ou leurs biens ; ils saisissent eux-mêmes les coupables et rassemblent eux-mêmes les preuves des infractions.

A mesure que la civilisation se développe, que les rouages sociaux se compliquent, ce système devient impraticable : l'on a des professions et des occupations, l'on ne peut plus veiller soi-même à la tranquillité publique, on laisse ce soin *à la police*. Et c'est ainsi que nous la trouvons chez les Hindous, les Égyptiens et les Romains, où l'institution des *agentes in rebus* acquiert

avec un caractère différent, un développement aussi
extraordinaire que l'institution des *constables* en Angleterre et permet au *præfectus urbis* de pénétrer pour
ainsi dire dans les secrets de chaque famille romaine.
Bientôt l'invasion des barbares balaie la civilisation
latine et ses institutions raffinées ; les jeunes communautés germaniques font triompher leurs tendances indi-
viduelles, leur haine de toute réglementation, leur esprit
de *self government* ; au contact de leurs qualités viriles
et de leurs fières allures, la police disparaît de nouveau ; mais elle renaît peu à peu sous l'empire de la
nécessité. Et alors l'impulsion de la religion et de la
politique féodale lui donnent une direction nouvelle.

Les justices d'Église amènent le droit de dénonciation
qui rend fréquente la poursuite d'office.

Les justices royales amènent la création du ministère
public et des officiers inférieurs de justice. Au XIIIᵉ siècle
nous trouvons les sergents, huissiers, greffiers, notaires,
investis des attributions de la police judiciaire. Mais dès
le XIVᵉ, nous voyons déjà les procureurs du roi et des
seigneurs participer activement à la police judiciaire,
aidés par les vice-baillis, vice-sénéchaux, et prévôts
des maréchaux.

Enfin l'ordonnance de 1670 donne pour ainsi dire le
monopole de l'information judiciaire aux juges royaux
ou seigneuriaux ; et ils sont à la fois juges et agents de
la police, ils font les procès-verbaux et autres actes de
l'information, arrestation, interrogatoire, saisie..

Ils commencent par agir ainsi en cas de flagrant
délit seulement ; enfin, la déclaration de 1721 étend

leur droit d'informer d'une façon complète, à toutes les infractions commises.

A partir de ce moment, la police judiciaire a pour agents, dans tous les cas, tous les juges royaux et seigneuriaux de haute, basse et moyenne justice, auxquels il faut ajouter pour certaines infractions spéciales des juges spéciaux, tels qu'officiers de chambre des comptes, prévôts des monnaies, juges de capitanerie, juges de connétablie, grands voyers, etc.

Cette organisation subsista jusqu'en 1791. A ce moment l'on passe de l'excès de complication à une simplicité extrême. L'instruction du 29 septembre 1791 institue comme officiers de police judiciaire les juges de paix, les officiers de gendarmerie.

Mais cette organisation était évidemment insuffisante, et le Code de brumaire an IV établit comme officiers de police, avec des attributions distinctes pour chaque catégorie, les commissaires de police, les gardes champêtres et forestiers, les juges de paix, les directeurs des jurys d'accusation, les capitaines et lieutenants de gendarmerie. Les juges de paix ayant montré dans leurs fonctions une certaine inertie, la loi du 7 pluviôse an IV établit au chef-lieu de chaque canton des magistrats de sûreté.

Toutes ces lois portent la trace du vice que nous avons signalé et qui avait trouvé son expression la plus absolue dans l'ordonnance de 1670 : confusion des pouvoirs de *justice* et de *police*.

Le Code d'instruction criminelle a suivi ces errements : police administrative, police judiciaire, police

proprement dite, sont aujourd'hui confondues sans mesure, et l'article 9 du Code d'instruction criminelle
confie l'exercice de la police judiciaire à la fois aux
*gardes champêtres et forestiers, commissaires de police,
bourgmestres et échevins, procureurs impériaux et substituts, juges de paix, officiers de gendarmerie, juges d'instruction.*

Nous croyons que cette organisation est une des plus
malheureuses qui se puissent imaginer, et une source
constante, tantôt d'abus, tantôt d'impuissance dans
notre procédure. Quand, chez les peuples enfants, tout
le monde veille à tout, et que les bons se défendent
contre les méchants, le point qui nous occupe est secon-
daire; dans nos sociétés modernes où la civilisation et
la corruption sont à un degré de tension extrême, il
est un rouage capital de l'organisme. Que chez nous la
police n'est pas à la hauteur du rôle qui lui incombe,
cela résulte à toute évidence des chiffres suivants tirés
de l'*Exposé de la situation du royaume*, 1851 à 1860,
vol. II, page 211.

En 1860, il y a 3,110 crimes et délits, dont les auteurs
sont restés inconnus et dont les parquets ont en conséquence abandonné la poursuite en Belgique.

Or, en 1860, il y a eu dans le pays 16,228 affaires
correctionnelles et criminelles jugées : 15,974 correctionnelles (p. 155); 254 criminelles (p. 105).

Ainsi il y a eu, en 1860, 19,338 affaires; on en a
abandonné 3,110; c'est-à-dire que 1/6 des coupables est
resté inconnu !

Que doivent penser les citoyens d'une pareille police,

sinon qu'elle leur coûte fort cher, qu'elle les tyrannise beaucoup, mais qu'elle les garde fort mal.

Que faut-il faire pour remédier à cet état de choses? Nous ne pouvons évidemment donner ici un plan complet de réorganisation; ce serait là un travail extrêmement considérable et qui ne pourrait trouver place à la fin de cet ouvrage. Mais, il nous sera permis d'indiquer brièvement et d'une façon toute générale le caractère d'une réforme indispensable.

Tout d'abord il faut que la police ne soit pas et qu'elle ne puisse jamais devenir une arme politique, et pour cela il suffit que la loi lui trace d'une façon précise sa conduite et soumette ses actes au contrôle de tous.

Mais en même temps elle doit être forte, sérieuse et nombreuse. Elle doit pouvoir agir avec rapidité et précision, être la gardienne la plus vigilante de la vie et des biens des membres du corps social, et se tenir constamment à la disposition des citoyens.

Elle est complétement distincte de la police administrative qui veille à l'exécution des règlements.

Elle est de même complétement distincte de la justice proprement dite.

Ici il y a, nous semble-t-il, une réserve à faire :

Il n'y a aucune espèce de rapport entre l'agent qui exécute des mesures d'instruction criminelle et le juge qui assiste à l'information : celui-ci ne fait plus partie de la police judiciaire.

Mais il doit y avoir rapport de dépendance entre l'agent de police et le fonctionnaire de justice chargé de la poursuite des crimes et des délits; la police est en effet le bras du ministère public ; elle doit être à la disposition du parquet pour recevoir ses ordres et subir son contrôle. Seulement il faut qu'il soit bien entendu que si elle est au service du parquet pour l'exercice de la justice répressive, elle est en même temps au service de tous les citoyens pour le maintien de l'ordre, la sauvegarde des propriétés et des personnes.

Il nous semble que la police judiciaire ainsi entendue ressort au département de la justice.

Que pour son administration intérieure et pour l'unité de sa direction elle ait un *chef de police* nommé par le roi sur la proposition du ministre de la justice; et que pour l'ensemble de son organisation elle soit sous la dépendance du ministère de la justice.

Il est naturel que dans une réforme de la police, l'article 9 du Code d'instruction criminelle devrait être modifié en ce sens que les bourgmestres, juges de paix, juges d'instruction ne feraient plus partie de l'institution.

En un mot elle devrait, à notre sens, être organisée de telle façon que pour ce qui concerne *l'exécution* des mesures nécessaires au maintien de l'ordre, elle serait exercée par : *Le chef de la police, les commissaires de police, les agents, les officiers de gendarmerie, les gardes champêtres, les gardes forestiers,* et pour ce qui concerne la *direction* par : *le ministre de la justice, les procureurs et les substituts.*

Ce n'est là évidemment qu'un aperçu théorique sommaire, et il y a une foule de détails pratiques d'organisation que nous ne pouvons indiquer avec les

développements qu'ils comportent; mais ce qui nous
paraît indispensable pour que l'institution dont nous
parlons rende tous les services qu'on est en droit
d'exiger d'elle c'est :

D'abord : *de relever la position des agents en majorant
leur traitement*.

Ensuite *d'exiger d'eux des connaissances spéciales*, et
avant de les faire entrer dans le personnel de leur faire
subir un examen professionnel pour l'obtention d'un
diplôme.

Ce sont là deux réformes essentielles; l'agent de
police doit être un fonctionnaire respecté; il ne doit être
ni un valet, ni une machine.

Lorsqu'il est, comme dans les administrations françaises, un rouage hiérarchique qui obéit passivement,
il devient un tyran odieux et un dangereux instrument
entre les mains du pouvoir. C'est de l'histoire moderne :
et pour ne pas citer seulement la France; en Autriche,
la Police de Metternich et de François II réduisant
la nation à l'état de cadavre; en Italie, la Police des
Bourbons et de Rome qui étouffait la moindre étin-
celle de vie populaire en laissant toute latitude au
brigandage le plus éhonté, en sont de terribles et d'ir-
réfutables témoignages.

Quant au contraire, l'agent est instruit, honnête,
énergique; quand il a conscience de ses droits et de ses
devoirs; quand on lui donne une connaissance exacte
de sa difficile mission; quand il sait qu'il agit dans
l'intérêt de tous les membres de la société, et qu'il
prend ses fonctions à cœur, en évitant tout ce qui de

près ou de loin ressemble à l'arbitraire; il est un des citoyens les plus utiles du corps social et il peut se dire avec orgueil et vérité qu'il est, vraiment cette fois, l'œil de la justice!

Notre tâche est finie. Comme nous l'avons dit en commençant, nous avons essayé de prouver par l'histoire, par les législations positives et par la raison, la supériorité d'un système d'instruction préparatoire accusatoire. Peut-être le lecteur qui nous aura suivi dans ces trois phases de la question ne partagera-t-il pas notre manière de voir à tous les points, peut-être trouvera-t-il les remèdes que nous présentons ou exagérés ou insuffisants ; mais ce que nous croyons, c'est que dans tous les cas il pense désormais comme nous que le système du Code de 1808 a fait son temps et qu'il faut le modifier dans un sens accusatoire.

Si cela est, nous avons atteint notre but. Sans doute, bien des questions accessoires se rattachent à cette importante question de l'instruction préparatoire ; sans doute il conviendrait peut-être de voir si le système de nomination des juges en général, si la composition actuelle des tribunaux, si l'organisation judiciaire tout entière ne devrait pas être réformée en même temps que l'instruction criminelle. Ces questions ont leur importance, aussi faisons-nous toutes nos réserves à ce sujet; nous sommes loin de penser que tout est pour le mieux dans la législation criminelle actuelle ; nous pensons au contraire que la plus grande partie de cette législation française aurait grand besoin d'être réformée dans le sens de nos traditions nationales.

Nous laissons l'examen de ces questions à d'autres plus expérimentés et plus savants que nous ; heureux si nous avons pu rendre quelque service à la cause du progrès et de notre pays.

TABLE DES MATIÈRES

Pages.

DEUXIÈME PARTIE.

Législation positive.

CHAPITRE PREMIER.

Système du Code de 1808.

CHAPITRE II.

Législation positive étrangère.

TROISIÈME PARTIE.

Réformes dans l'instruction criminelle préparatoire.

EN VENTE

CHEZ LES MÊMES ÉDITEURS

Manuel pratique de la profession d'avocat en Belgique, par G. DUCHAINE et E. PICARD, avocats près la Cour d'appel de Bruxelles, docteurs agrégés à la faculté de droit de l'Université libre de Bruxelles. Avec une préface par E. DE LINGE, avocat, membre du Conseil de discipline du barreau de Bruxelles. 1870. 1 gros volume gr. in-8° . . . . fr. 10 00

Brevets d'invention. Traité des brevets d'invention et de la contrefaçon industrielle, par Edmond PICARD et Xavier OLIN, avocats près la Cour, agrégés à la Faculté de droit de l'Université de Bruxelles. 1 vol. gr. in-8° de 850 pages. 1870 . . . fr. 10 00

VERHAEGEN, avocat. **Études du droit public.** 1 vol. in-12 . . . . fr. 3 00

DESOER, avocat. **La justice criminelle en Belgique.** 1 vol. in-8°. . . . . fr. 0 60